高校体育教学创新与改革发展研究

马 莹 著

吉林摄影出版社

·长春·

图书在版编目(CIP)数据

高校体育教学创新与改革发展研究/马莹著.
长春:吉林摄影出版社,2024.12.--ISBN 978-7-5498-
6260-3

Ⅰ.G807.4

中国国家版本馆 CIP 数据核字第 20242HH052 号

高校体育教学创新与改革发展研究

GAOXIAO TIYU JIAOXUE CHUANGXIN YU GAIGE FAZHAN YANJIU

著　　者:马　莹
出 版 人:车　强
责任编辑:岳青霞
封面设计:豫燕川
开　　本:787mm×1092mm　1/16
字　　数:160 千字
印　　张:11.25
版　　次:2024 年 12 月第 1 版
印　　次:2024 年 12 月第 1 次印刷

出　　版:吉林摄影出版社
发　　行:吉林摄影出版社
地　　址:长春市净月高新技术产业开发区福祉大路 5788 号
　　　　　邮编:130118
电　　话:总编办:0431-81629821
　　　　　发行科:0431-81629829
印　　刷:北京银祥印刷有限公司

ISBN 978-7-5498-6260-3　　　　　定　　价:65.00 元

前　言

　　体育教育是我国教育事业的重要组成部分,实施体育教育对于现代全面、优秀人才的培养具有重要的作用与价值。高校体育顾名思义就是针对高等教育这一群体设置的体育课程。其旨在于激发大学生锻炼兴趣、促进其身心健康发展。在全面推进素质教育改革的过程中,学校体育作为高校教育的重要组成部分,肩负着培养全面发展人才的使命。高校作为人们接受系统体育教育的最后一站,更应该立足于自身特点,结合国际形势发展以及社会需求,在高校体育教育中形成有特色的体育教学创新理念,为培养适应未来社会需求的复合型人才,发挥体育教育独特的功能。

　　高校要结合学校的实际情况,创编拓展项目,改造传统体育项目,有选择性、目的性地开设部分训练,制定相应的教学大纲,在实践中不断摸索和完善符合高校教学实际情况的课程体系,建议高校领导能改变观念加强课程改革和投资力度,提高重视程度。在教学中,广大体育教师可以增加和设置一些特殊的情景,使体育教学与训练能有机结合,以提高学生的综合素质为宗旨,发挥各自的优势,各个高校还应该适当地进行校际的交流,实现资源共享,因地制宜地开展训练项目,对于场地和周边环境应该积极地加以利用,形成各自的特色,丰富训练教学的内容。

　　本书在撰写的过程中得到了广大同事的帮助,也参考了许多同行及相关领域专家的文献资料,在此表示衷心的感谢! 由于作者水平有限,时间较为仓促,书中有遗漏或不足之处,敬请广大读者和专家提出宝贵意见。

前 言

目　录

第一章 高校体育教学基本理论

第一节 高校体育教学的概念与性质

一、体育教学的概念

(一)教学的基本含义

"教学"是一种动态行为,是教学工作者对具体的学科或技能组合进行的一种有组织、有计划的教学行为。可以从宏观和微观两个方面对教学的含义进行分析。

首先,从宏观角度分析,教学是一种特殊的教育活动,它是指教学者以一种或多种文化为对象,对受教者进行教育,以期让受教者获得这种文化的活动。其中的教学者是掌握某种知识或技能的人,他与接受教育的人共同构成教学的主体。

其次,从微观意义上讲,教学是一种直观的教师进行教授和学生进行学习的活动。在这个活动中,教师是教学的引导者,是教学活动的组织者和知识传授者;学生是教学的"受众"和主体。简而言之,教学是一种以特定文化为对象的"教"与"学"的活动。

综上所述,教学是一种教育活动,这种活动需要教师和学生的共同参与,并为了实现某一具体的教学目标而相互协作。

(二)体育教学的概念分析

与其他形式的教学一样,体育教学同样需要系统的组织与管理,但是,与其他学科教学不同的是,体育教学对教学环境的要求更高,所需器材和教学场地更加严苛。因此,体育教学并不是一种随意的、随心而行的教学活动,更不能将其等同一种课余的休闲娱乐活动,它需要很多要素的构成才可以正常、合理、科学地开展。

从本质上来讲,体育教学主要在学校环境中进行,主要参与者是体育教师和学生;具体的活动内容为学生在教师的组织和指导下,对体育相关的基本知识、体育运动技能、体育运动素养进行了解、掌握和提高;教学的目的在于促进学生的身心健康发展,完善学生的个性心理特征,提高学生的社会适应能力,使之成为社会需要的人才。

体育教学过程中,体育教师应在充分认识和理解体育教学概念的基础上,将教学的概念与体育相关知识相结合,从而形成新的教学内容与教学方法。

二、体育教学的性质

性质是决定事物本身与其他事物的最根本的区别,性质不同的两种事物其带来的表象自然有一定的区别。体育教学和其他学科的教学的最根本的区别就在于它本身所具有的体育教学性质。这种性质使其具有以下特征。

第一,体育教学的教学地点多为户外。

第二,教学中师生都要承受一定运动负荷与心理负荷。

第三,教学过程是身体活动与思维活动的结合,并且还有比较频繁的人际交往。

第四,体育教学侧重发展学生身体时空感觉以及运动智力。

第五,教学更加关注学生自我操作与体验等。

现代体育教学最重要的教学形式就是体育运动技能的教学,它是体育育人的主要方式。而对于运动技能的传授也是体育教学与其他学科教学的主要区别之一。在体育教学中,学生全面掌握体育运动技能,需要经过几个教学阶段(认知阶段、练习阶段与完善阶段)才能实现。具体来说,在体育运动技能的认知阶段中,学生与体育运动技能之间的联系最为密切,该阶段教学的主要目的就是学生对所学技能的结构、要素、关系、力量、速度等要素进行表象化的认识,从这一角度来看,体育运动技能仅仅是学生提高身体素质、完成技术动作的一种方法,因此可以认为,运动技术不具有人的特性,而只是一种"操作性知识"。

通过以上论述,可以认识到,体育教学的本质就是一种针对运动技术和知识的教学,在体育教学中,学生学会了运动知识并将之转化为运动技能,体育教学的本质就达成了。

第二节　高校体育教学的原则

一、体育教学原则提出的客观依据

原则就是指人们说话办事依据的准则和标准。在人类教育发展的过程中,人们通过总结各种教学实践经验,研究教学工作的成败,发现了教学成功的规律,提出了各种各样的教学原则。教学原则是依据一定的教学目的任务,遵循教学过程的规律而制定的对教学的基本要求,是指导教学活动的一般原理。教学原则来源于教学实践,是人们经过长期的教学活动,对教学客观规律进行的归纳和总结,它体现了人们对教与学的发展过程所反映出来的客观规律的认识。

教学规律是客观存在的,不以人的意志为转移,是教学过程中固有的、本质的、必然的、内在的联系。人们只能发现它和利用它,不能违背它、改变它。教学原则是人们根据对教学过程规律的认识而制定的,要搞好教学工作就必须遵循教学要求。同时,教学原则是主观对客观的反映,有正确与错误之分,它可以随着教学实践的变化而变化。教学原则是根据教学规律制定的,只有教学原则正确地反映了教学规律,教师在教学中很好地掌握和利用了教学原则,教学才能取得成功。所以说,教学原则与教学规律是一致的,它们在教学活动中都具有很大的指导意义,在教学中,二者都是必不可少的。

教学原则不是随意提出来的,它的提出主要有下面几点客观依据。

(一)体育教学目的是体育教学原则的重要依据

体育教学原则的制定和实施要依据一定的教学目的。体育教学就是要实现一定的教学目的,完成一定的教学任务。任何一个教学原则或教学原则的体系的提出,必须服从于一定的教育目的。我国社会主义教育的目的,是使受教育者在德、智、体、美、劳五个方面都得到发展,成为从事社会主义现代化建设的有用人才。这一目的从总体上规定了社会主义学校教学活动的发展方向和预定的发展结果,指导和支配着教学活动的各个方面。教学原则作为指导教学活动的基本要求,必须遵循和反映这一目的。

(二)体育教学原则是体育教学经验的概括和总结

体育教学原则的制定要依据体育教学实践经验。体育教学原则是长期体育教学经验的概括和总结。实践是检验真理的唯一标准,体育教学实践经验对体育教学原则的制定永远具有重要意义,它不仅是制定体育教学原则的依据,还是检验体育教学原则的标准。体育教学原则的正确性和实效性不是由人的主观意愿来决定的,体育教学实践是唯一的检验标准,通过体育教学实践可以进一步修正、完善体育教学原则。人们在体育教学实践的过程中,不断探索出了成功的经验或失败的教训。对于这些经验和教训,教师要反复思考,不断地总结和深化,由感性认识上升为理性认识,经过抽象概括,对体育教学规律有所认识,从而制定体育教学原则。

(三)体育教学原则是体育教学规律的反映

体育教学原则反映的是体育教学过程的客观规律,它的提出必须以体育教学过程的客观规律为依据。然而,因为受很多因素的影响,人们对体育教学过程规律的认识又是不相同的。人类对体育教学过程规律的认识是逐渐接近的,而不是一成不变的,这些情况使得不同年代、不同教育家所提出的体育教学原则也不同,但都反映了人们对体育教学规律一定的认识水平。体育教学原则与体育教学规律的不同在于:体育教学规律是客观存在的,是不以人的意志为转移的,人们可以认识它或利用它,但不能制造它或消灭它;体育教学原则则不同,一方面它固然要有对教学规律的认识,另一方面又必然地加进了制定者的主观意志因素。因此,研究和制定体育教学原则时,必须深刻认识和了解教学规律。

(四)体育教学原则的意义与作用

在整个体育教学过程中,体育教学原则是教学过程的出发点,它在一定程度上决定着体育教学内容的安排、体育教学方法的选择和体育教学组织形式的运用。体育教学原则确定之后,它对体育教学活动中的内容、方法、手段、形式的选择都有着积极而重要的作用。教学论原则体系就是对学习和掌握教材的基本途径的总体说明。体育教学原则产生于人们长期的体育教学活动实践中,它本身凝结着众多优秀教师的宝贵经验。因此,科学地体会教学原则在人们体育教学活动实践中的灵活运用,对体育教学活动有效、顺利地开展,对提高体育教学活动的质量和效率都会有着积极的作用。

体育教学活动越是符合体育教学原则,体育教学活动就越容易成功;反之,体育教学活动越是脱离体育教学原则的要求,体育教学活动就越可能失败。但由于体育教学活动是在不断发展的,并且体育教学模式多种多样,不同的体育教学模式需要不同的体育教学原则与之适应,因而体育教学原则也处在不断变化与发展之中。所以,正确地理解和贯彻体育教学过程中的客观规律,对明确体育教学目的、选择与安排好体育教学内容、正确地运用体育教学方法、提高体育教学效果、加速体育教学进程、完成体育教学任务具有重要意义。

学习和掌握体育教学原则能使教师按照体育教学的客观规律组织体育教学活动,正确解决体育教学内容、体育教学方法和体育教学组织形式等一系列理论与实践问题。遵循体育教学原则进行体育教学工作,就能提高体育教学质量,达到预期的体育教学目标;如果违背了体育教学原则,则会事倍功半,甚至劳而无功。

二、体育教学原则体系的构建

体育教学原则体系是指反映体育教学规律的多个原则不是孤立分散的,而是有机地相互联系的组合。只有建立一个科学完整的体育教学原则体系,才能发挥体育教学原则对整个体育教学过程以及体育教学活动的各个基本环节的指导作用。要取得体育教学的成功,就必须把整个体育教学原则体系综合地运用起来。体育教学原则的作用在于保证学生获得知识、技能和技巧,而这些原则又是相互关联、相互支持的,可以构成一套相对独立的体系。实际上,由于学生在学习过程中各种智力因素和非智力因素是相互联系的,形成了各自相对独立的体系,而体育教学原则正是在这个基础上制定的,因此必然会形成一套体系。

可见,体育教学原则既有共同性,也有特殊性,对不同的学生应采取不同的体育教学原则体系。无论从哪个角度或出发点来建立体育教学原则体系,都必须突出体育教学的特点,体现体育教学特点的内容,这也是制定体育教学原则最为基本的要求。

(一)师生共同协作原则

所谓师生共同协作原则,是指体育教学活动中,体育教师在充分发挥主导作用的同时,还要充分调动学生学习的主动性和积极性,使体育教学过程完全处于师生协同活动、相互促进的状态之中。它的实质就是要处理好体育教师与学生、教与学的关系。师生共同协作原则是体育教学过程中教与学相互影响与作用规律的反映。教学是教师的教和学生的学相互作用的活动过程。在这个过程中,体育教师的活动与学生的活动只有朝着一个共同的方向,相互配合、相互协调,才有可能取得比较好的体育教学效果,完成体育教学任务。体育教学实践中要实现师生共同协作原则,须遵循以下几点要求。

1. 发挥体育教师的主导作用

体育教师应充分发挥在体育教学中的主导作用,在教学过程中要培养学生的学习兴趣。师生活动的协同,不仅是体育教师积极地教,更重要的是学生能够积极地学,也就是让学生主动地参与和适应体育教学过程。体育教师必须教给学生学习的方法,培养学生独立的思维能力,使学生真正获得学习的主动权,在遇到问题时,要引导学生做出正确的选择或找到解决问题的办法,不能让学生放任自流。在体育教学过程中,需要教会学生掌握更多的学习方法。体育教师要在传授知识技能的同时传授学习方法,根据体育课程的特点,教给学生学习的方法。教师要在体育教学中向学生做出科学学习方法的示范。体育教师还可以在课后定期召开学习经验交流会,使学生学到有效的学习方法。体育教师要想很好地发挥主导作用,就必须具有较高的素质,以高质高效的工作去满足社会和学生的需求,有能力、有水平、有方法、有热情地去组织实施体育教学活动。所以,体育教师必须提高自身素质教养,这样才能在体育教学过程中对学生进行很好的教育,使学生懂得更多的知识。

2. 调动学生学习的积极性和参与意识

教学的启发性表现在采取有效的方式,激发学生学习的积极性,引导学生自己解决问题。在体育教学中,通过启发性的提问、正误对比的示范、做动作前的想象回忆,以及组织学生互相观察、互相帮助,鼓励学生完成动作时进行自我评定和自我调节等措施,促进学生积极思维,提高学习的自觉性。要想知道体育教师在体育教学中对学生的启发教育工作做得如何,就是看他在教学中是否善于引导学生开动脑筋去思考问题,学生是否主动地去学习。

体育教师在教学中的主导作用是否发挥得好,这主要看教学是否充分尊重了学生的主体地位,是否充分调动了学生的主动性,是否积极地鼓励学生参与教学活动。在体育教学中,教师要着重培养学生的独立性和创造性,培养学生独立解决问题的能力和创造性地运用所学的知识、技能、技术的本领。所以,体育教师在课堂中要引导学生敢于提问题,善于提问题,学会用多种方法解决同一问题,以便使学生的思维得到锻炼。

3.依据教学任务确定教学内容

体育教学要想激发学生的主动性和积极性,教学内容和要求就必须符合学生的实际需要和兴趣。教学内容过难或过易,标准过高或过低,学生无法完成教学任务或很容易就完成了教学任务,这些都会影响到学生的积极性和主动性。体育教师应该根据学生的具体情况和教学任务来确定教学内容,在教学中制定符合学生实际情况的参照标准。有了参照标准,就可以对不同的学生进行正确的评价、估计,不断鼓励和鞭策学生,使学生努力达到制定的标准,让学生有成就感,这样就可以增强学生学习的信心,有效地激发学生的积极性和主动性。

4.培养学生对体育学习的浓厚兴趣

要使学生积极主动地参与体育学习,完成体育教学任务,前提是学生对体育学习感兴趣。如何培养学生对体育学习的兴趣,这就需要体育教师在教学实践中善于发现学生学习的特点和心理倾向,这个问题还有待进一步研究。

首先,通过体育教学活动使学生不断有新的进步,从而获得成就感,这就获得了成功的体验。一个人在实践中对某一事物产生兴趣,往往是由于取得了进步或成功,受到鼓励或赞赏并获得满足感后而逐渐形成的。为此,体育教师应努力使学生具有良好的学习状态,树立学生学习的信心,使他们看到自己的进步。

其次,学习的兴趣与学习的动机是相互关联的,有的学生通过考核取得了好成绩,就会表现出对学习的主动性和积极性。如果通过努力取得了更大的成功,获得了鼓励和赞赏,再通过教师的正确引导和帮助,就可能会使兴趣得到巩固和提升。所以,在体育教学中教师要注意培养学生的学习兴趣,使学生的兴趣和正确的学习动机结合起来,逐渐对体育学习产生更大的兴趣和爱好。

(二)因材施教原则

因材施教原则要求体育教师在教学中从实际出发,根据不同对象的具体情况,采取不同的方法,进行不同的教育,使每个学生都能在各自原有的基础上得到充分发展。在教学中教师要正确理解和重视因材施教原则,并认真贯彻好因材施教原则,杜绝用一个固定的尺度去衡量所有学生,否则会阻碍学生的个性发展。体育教学中贯彻因材施教原则时,要遵循以下几点要求。

1. 深入细致地了解学生

要想在体育教学中要贯彻因材施教原则,教师必须研究和了解学生,这是整个教学的根本出发点,也是因材施教原则的前提条件。教师研究和了解学生,就是要弄清每个学生的兴趣、爱好、性格特点、学习态度、知识基础、健康状况以及家庭、社会背景等。教师可以通过问卷调查、查阅资料和咨询等方法对学生进行细致的了解,找出每个学生存在的个体差异,并对这些个体差异进行全面的分析,在此基础上考虑区别对待的对策。对于学生的个体差异,教师要区别对待,要用发展的眼光看问题,要具体情况具体分析。

2. 因材施教与统一要求相结合

统一要求是指按照国家统一规定的教育目的、教学计划来进行教学。教学要达到国家所规定的基本要求就必须按照统一要求来完成教学任务。体育教师要教育和要求学生正确处理好体育学习与发展个人兴趣、爱好、特点的关系,使他们能够按照国家的统一标准努力学好课程知识。在实施统一要求的同时,教师再根据个别差异进行重点指导,使学生充分发挥个人的特长。有了统一要求,体育教学才会有共同的标准规格,才不会降低教学水平;教师做到了因材施教,才能有效地使学生得到充分发展。

3. 正确对待学生个体差异

每个学生的身体素质、心理特点、兴趣爱好、知识掌握的程度等方面都有可能存在差异,这些差异在体育教学中的影响是相当复杂的。一个学生可能在某些方面表现出长处,而在其他方面则表现出短处,或者在其他方面存在着差异。比如在思考问题方面,有些学生思维敏捷,反应较快,善于逻辑推理;有些学生则可能反应比较迟钝。这些差异的形成原因是多方面的,有的是个性特点的表现,也有的是学习上的成败体验造成的。体育教师必须对学生表现出的差异特点进行全面而具体的分析,区别对待,处理好这些个体差异以避免给体育教学带来负面影响。同时,体育教师要明白,这些个体差异具有不稳定性,某一方面的短处在一定条件下是可以转化为长处的。所以,教师要用发展的眼光看问题,正确看待个体间的差异,引导学生互相帮助、互相学习、互相评价等。通过开展一些活动和教育使师生在思想上共同具有正确对待个体差异的认识和行为。

4.通过各种教学形式创造因材施教的条件

在体育教学活动中,教师要采用多种教学组织形式来进行因材施教,根据不同类型的学生采取有针对性的、灵活多样的措施。对身体条件好和运动技能强的学生,教师不仅要发现他们,更重要的是要采取有效的措施精心培养他们,为他们进一步发展创造良好的条件和提出更高的要求;对身体条件和运动技能比较差的学生,教师可以单独给他们补习功课,给予特别的关怀和照顾,并深入研究他们的心理活动特点,从实际出发,制定一套适合他们情况的教学措施。另外,还要针对不同的学生制定不同的教学形式,提出不同的教育措施。通过多种教学形式使全体学生都能有进步,使每个学生都能体验到学习和成功的乐趣。

(三)促进身体健康与全面发展原则

体育教学的首要任务就是要促进身体的健康,帮助学生实现全面发展。"健康第一"是体育教学最重要的思想,体育教师要把增进学生身体健康与学生的身心全面和谐发展有机地统一起来,把传授体育知识、技能、技术与培养能力、发展个性统一起来,全面实现体育教学目标。体育教学就是通过身体的练习促进学生身体各器官机能的发展,提高身体健康水平,达到强身健体的目的,使学生有充沛的精力完成各项教学任务,并为终生体育奠定基础。有了健康的身体,才能更好地发展学生的感知、观察、判断、想象、创造性思维能力,才能培养学生健康的情绪和情感、良好的社会行为、高尚的道德和情操,使学生各方面都得到和谐发展。在体育教学中要贯彻促进健康与提高学生整体发展的原则,须遵循以下几点要求。

1. 全面贯彻教学大纲提出的目标和要求,发挥好体育教学功能

体育教师要认真学习、掌握体育教学大纲精神,把"健康第一"的精神作为最重要的指导思想。在贯彻教学大纲精神的同时,教师还要注重基本理论知识的教学,让学生从书本上学到更多的知识,了解健康的价值,以便更好地实施体育实践活动。教师要加强学生的心理健康教育,教育学生热爱生命,增强身体健康,适应社会各种环境,增强心理承受能力和遇到挫折时的承受能力。

2. 通过体育基础知识的学习,使学生学会自我学习

体育与健康的基础知识在体育教学中起着重要的作用。通过理论知识、基本技术、基本技能的教学,促使学生主动地学习,使学生学会学习,学会自我锻炼、自我评价,学会科学的锻炼方法,这样学生就能够在良好的学习氛围中快乐、主动地进行学习,为身心健康、全面发展和终身体育奠定基础,从根本上学会学习、学会做事、学会做人。

3. 体育教学必须通过各种方法促进学生身体各部位全面健康发展

体育教学活动就是要在提高基本技术、基本技能的基础上,促进学生身体各部位、各器官、各系统的机能和基本活动能力的全面发展。人体是在大脑皮层统一调节下的有机体,尽管身体任何运动都是相互联系、互相制约的,身体上某一运动器官的活动,都会对其他部位生理机能有促进作用,但是如果经常进行单一的身体项目,偏于某个部位或某一器官的活动,就会造成身体某些部位的畸形发展,影响整个身体的全面健康发展。因此,体育教师要注重运用多种教材、多种手段、多种方法进行适合学生身体健康发展的教学,有计划地对学生身体进行科学、全面的训练,系统地提高健康水平,使学生身体均衡、健美、健康地发展。

4.教学计划应结合体育教学促进学生身心全面发展

教师在制订体育教学计划时,应结合体育教学,把促进学生身心全面发展贯穿于整个教学过程中,要使学生达到全面锻炼的效果;合理安排各项教材内容,结合各教材内容的特点,相互弥补各教材内容的缺陷,以使学生更好地进行练习,使学生身心得到更好的发展。体育教学具有很多特点,它还会受季节、场地器材、气候等条件的限制。因此,仅仅通过短时间的教学,就达到全面锻炼的目的是不现实的,只有把长时间的教学看成是一个完整的过程,才能做出合理的、全面的安排。一个完整的教学过程是由每一节课组成的,所以,教师必须重视每一节课的教学安排,使教学内容尽量全面。

5.在体育教学的各个阶段中,注意促进学生全面和谐发展

在体育教学中,制定教学任务、选择教学内容和运用各种教学手段与方法时,都应注意增进学生健康,并促进学生全面和谐发展。体育课的活动包括身体各部分的活动,既要能提高身体素质,又能促进身体各部位的发展,还要有针对性地安排某些身体素质的内容,这样才可以弥补基本教材对身体全面发展的不足。

(四)适量性原则

适量的身体运动负荷原则是指在体育教学活动中,根据体育教学的特点,合理安排学生能够接受的生理负荷和心理负荷,使练习与间歇合理交替,使机体不断适应新的负荷的刺激,以满足学生锻炼身体和掌握运动技能的需要,达到增进健康、增强体质的目标。在体育教学中贯彻适量的身体运动负荷原则,需要满足以下几点要求。

1.适量的身体运动负荷要遵循体育教学的目标

适量的身体运动负荷的最终目标就是锻炼身体和提高运动技能,只有科学地安排运动量,才能更好地实现教学目标。合理安排身体的运动量对实现体育教学目标起着决定性作用,教师不能忽视运动对教学目标的影响,更不能一味地追求相同的运动量或大运动量,教师要让学生意识

到这一点,并合理地安排身体的活动量。

2.通过科学的教学方法合理安排适量的身体运动负荷

体育运动项目及练习的方法多种多样,有的运动量大,有的运动量小,有的运动强度大,有的运动强度小。因此,教师在设计体育教学内容时,要考虑到运动量的问题,以进行科学合理的搭配和必要的教材改造。教学过程是一个不断学习发展的过程,教材的各个阶段有着不同的任务和特点,因此,教师要根据教学过程的不同阶段的特点来合理地安排运动量。

3.适量的身体运动负荷要符合学生的身体发展状况与发展需要

适量的身体运动负荷是要让学生科学地进行身体锻炼,既满足学生身体发展的需要,又体现对学生身体的无害性,而这些都决定了学生的身体发展情况。教师要想合理地安排学生身体运动负荷,就必须了解学生的身体发展各个阶段的特点,了解学生身体发展的科学原理,了解各项运动的特点。

4.要因人而异地安排适量的身体运动负荷

每个学生承受的能力不相同,同样的负荷可以产生不同的负荷效果,不同的负荷也可以产生相同的负荷效果,所以教师应考虑学生的整体情况,根据所了解的学生身体的具体情况,因材施教地安排适量的身体运动负荷。

(五)直观性原则

直观性原则是指在体育教学过程中,充分利用学生的多种感官和已有的经验,积极引导学生感知事物,使学生获得直接经验和感性认识。

1.用直观的语言启发学生的积极思维

在体育教学中,教师要用生动的语言进行讲解、描述。教师要用语言帮助学生对知识进行重新组合,构成新的表象或想象,这就要求教师用生动、精练、直观的语言进行讲解,用通俗易懂、丰富有趣、生动形象的比喻把学生的运动经验和生活经验结合起来,使学生明确动作要点,更好地掌握运动技术技能。

2.运用各种方式进行直观教学

在体育教学中,为使学生更形象、更生动地进行运动技能的学习,教师要充分利用各种方式进行直观教学。例如,教师可以利用视频或图片对动作进行分解,使学生了解动作技术细节,以及动作的时间、空间关系。

第三节 高校体育教学价值观

从一定的角度来说,体育的历史就是体育观不断变革的历史。体育观的更新始终是体育持续发展的先导。体育是什么?体育对个人和社会的发展有什么意义?对这些问题的看法就是体育价值观。因而也可以说,体育观的核心就是体育价值观。

一、关于体育价值观的基本认识

体育作为一种社会现象,它是随着人类社会的产生而产生的,也是随着人类社会的发展而发展的。它的发展历程总是与体育功能的扩展和对体育价值的认识的逐步深化紧密联系在一起的。

1.体育的产生与体育的价值密切相关

从心理学的角度来看,人的所有行为的产生都有其心理依据,而"需要"是诱发动机和产生行为的动因。甚至还有人把"需要"看作人类的"激活剂",认为人类的生活和大量的活动都是受到"需要"的激励。如果按照马斯洛的需要层次论划分的话,在原始社会,人类的需要都是处于低层次的需要,即生存和安全的需要。为了生存,人们必须觅食,从事生产和打猎活动;为了安全,人们必须与野兽和敌人搏斗,要躲避袭击,有时需要快跑和攀登爬越。在这些活动过程中,奔跑、投掷、攻防、攀登等基本的体育技能开始萌芽,而这些技能掌握的多寡和觅食的能力、安全的程度有着直接的关系。因此,人们为了改善生存和生活条件,就必须传授和提高这些技能,这时体育的价值就开始显现出来,由此可见,体育的产生与体育的价值是密切相关的。

2.社会化程度的提高扩充了体育的价值

随着历史的进步、社会化程度的提高,人们的需要逐渐从低层次向中等层次发展。在满足了基本的生存和安全需要后,人们又产生了学习的需要、娱乐的需要和医疗保健的需要。在满足这些需要的过程中,体育始终扮演着非常积极的角色,展现了它特有的价值。

3.社会文明程度的提高,使体育价值得到了更充分的体现

当人类进入现代社会后,随着社会文明程度的提高,人们在工作中减少了身体活动,体力劳动强度降低,脑力劳动强度提高,生活节奏加快,竞争加剧,精神压力和心理负荷增大。为了适应竞争日益激烈的社会环境,提高生活质量,人们需要保持体能,需要松弛紧绷的神经,需要宣泄情绪,而这一切都可以借助体育得到解决。这些问题的解决过程也就是体育价值的实现过程。

二、体育教学的基本价值内涵

(一)从知识形态的转化来看体育教学的基本价值

通过教学活动使学生获得了他人总结的知识,这是古今中外一切教学活动的共同特征,也是实现其他教学价值的基础。这些需要教师根据学生的实际去挖掘、剖析,使之进一步升华。

(二)从教学的功能看体育教学的基本价值

体育教学的功能主要体现在两个方面:一是继承功能;二是发展功能,即有效地促进学生身心的发展。从教学的功能来看,体育教学的基本价值在于使学生获得知识、发展能力、养成良好品格和掌握科学有效的方法。

(三)从素质的培养看体育教学的基本价值

培养与提高学生的综合素质,是教学活动最根本的价值。人们把人才素质归结为德、识、才、学、体五个方面,而这五个方面都不是孤立存在的,它们互相渗透、互相包容,有些甚至互为条件,它们组成的基本因素归根结底还是知识、能力、品格和方法。体育教学作为一个发展身体,增强体质,传授锻炼身体的知识、技能、技术,培养道德和意志品质的教育过程,在学生素质构建中除了具有与其他教学活动共有的功能外,还为学生科学锻炼身体提供理论和方法的指导,使其增强体质、提高健康水平,这一点是其他学科所不能替代的。因此,体育教学对于学生素质的培养也是非常重要的。

第二章　高校体育教学内容及内容体系

第一节　高校体育教学内容的选择与开发

　　教学内容是体育教学最重要的构成要素之一,是连接教师与学生的重要载体。如果没有教学内容,教学活动就无法正常进行;如果教学内容的选择和使用不够科学,就会直接影响预期教学效果的实现,也就不能完成体育教学任务和体育教学目标。由此可见教学内容的重要性。本章围绕体育教学内容展开论述,对体育教学内容的基本知识、选择、加工及开发、教学内容体系构建以及现阶段体育教学内容的改革与发展进行系统研究,为科学构建现代体育教学内容体系,促进体育教学内容的发展完善提供理论指导。

一、体育教学内容概述

(一)体育教学内容的概念

　　体育教学内容,是实现体育教学目标的重要物质载体,主要是指在体育教学过程中对体育知识和技能体系等方面的选择和运用。教学内容从书面知识变为学生的知识积累和运动技能的提高,这一过程要以体育教学目标为指导,通过合理的教学方法和教学组织在一定的教学环境中进行转化,这一转化过程的所有内容就是教学内容。

　　可以通过以下几个方面深入理解体育教学内容:第一,体育教学内容是教学的材料和依据。在体育教学实践中,教师对体育教学内容的选择要以实现体育教学目标为指导,根据自己的教学经验和对体育教学的理解,从众多体育教学材料中选出最佳的、最能实现教学目标的内容,体育教学内容是教师从丰富的体育文化知识和技能理论当中精挑细选而来的;第二,体育教学内容在教师与学生中间扮演着中介和媒体的角色,是教师和学生之间的信息交流;第三,体育教学内容制约体育教学方法和教学手段的选用;第四,体育教学内容决定体育教学的效果和体育教学目标实现的程度。

(二)体育教学内容的特点

第一,教育性。体育教学内容的教育性表现在通过体育教学内容的学习,能实现体育教学功能,促进学生的知识、技能、生理、心理、社会适应能力的发展,对学生的道德品质有正面引导作用,能使学生成为更健康、完善发展的人。在现代体育教学内容中,其教育性可以通过以下几个方面进行充分的阐明。促进受教育者身心发展、摒弃落后危害活动、活动冒险性和安全性的统一、广泛的适应性、避免过于功利性。

第二,实践性。体育教师将体育教学内容传授给学生,主要是通过学生的身体练习进行的。体育教学内容最大的特点,其主要构成是体育运动项目以及相关的身体练习,所以其实质上是身体运动的一种实践,而其他教学内容都不具有这种特质。从本质来看,体育教学内容的学习并不单单是学生大脑思维的活动,不仅需要学生对教学内容进行理解,通过学生的思维活动解决其懂与不懂、知与不知的问题,还要通过学生实际从事运动学习和身体锻炼,使学生在身体运动中体会肌肉本体感觉的形成与动作记忆,解决其会与不会的问题。而后者的身体实践是体育学习的主要内容和形式。

第三,健身性。体育教学内容主要围绕体育展开,并通过学生的身体练习和实践实习,因此必然具有健身性,体育教学内容健身性具体是指学生学习体育教学内容,参与体育锻炼,在此过程中,通过身体承受一定量和强度的运动负荷,为学生提供了体能增强以及健康增进的可能性,使身体素质得到提高和改善。增强学生的体质是体育教学内容健身的具体表现。体育教学内容的健身性的科学实现必须建立在科学控制学生身体练习的运动负荷基础之上,对运动负荷的科学安排与控制要符合学生身心发展特点、符合教学内容的基本要求和范围,否则体育教学的健身性就不能实现,并且还会对学生身心产生不良影响。

第四,娱乐性。早期体育运动具有娱乐性,娱乐性是其起源和产生的根本原因。现代体育教学内容为各项体育运动,这些体育运动多源于运动游戏,故具有较强的娱乐性。在体育教学中,体育教学内容的学习方式往往是运动学习以及运动比赛,这是实现体育教学内容的重要和有效途径,这些运动之所以具备乐趣,就是源于运动学习和运动竞赛过程中存在的诸如竞争、合作、表现欲等一系列的心理过程,在这些心理过程中就能够在很大程度上体会到乐趣,从而有助于提高学生体育学习和参与的兴趣。

第五,非逻辑性。和其他学科相比,体育教学内容复杂,各具体的内容之间并无必然的先后逻辑顺序,甚至彼此之间可以相互代替。如先进行田径教学与先进行球类运动教学并没有任何影响,而且不同的教学内容可以实现同样的教学效果,如提高学生的身体素质、培养学生的团队意识等。教师可以自由选择不同的教学内容,不必考虑各内容之间的逻辑顺序。体育教学内容的排列并不是直线递进式的,而是复合螺旋式的,它是由众多的相互平行的身体练习和竞技运动项目组成的,不同的体育教学内容可以相互替代,如体育教学中对不同运动项目,以及身体练习的选择。体育教学内容的非逻辑性使体育教师在教学实践中有更多的选择,也正是因为这种选择自由性的提高,要求教师必须能准确判断哪部分教学内容最有利于促进学生发展、最能实现体育教学效果,因此这种选择的难度也增加了。

第六,规定性。所谓规定性,具体是指体育教学内容的实现具有体育教学条件的规定性,如一些教学活动需要借助一定工具、器械进行,需要在规定的场地、设施内进行。游泳、滑冰等对运动环境和气候也具有一定的要求。如果这些教学内容离开特定条件、空间、环境等,就会发生质的变化,教学内容也可能将不复存在。

二、体育教学内容的层次与分类

(一)体育教学内容的层次划分

根据学校体育教学内容的产生,可以将体育教学内容的层次进行宏观和微观层次的划分。

1. 宏观层次

在我国教育系统中,学校基础教育课程模式将从单一的模式转向多元化的发展。以这一基本思想为依据,从宏观层次来看,体育教学内容主要包含了上位层次(国家课程和教学内容)、中位层次(地方课程和教学内容)和下位层次(学校课程和教学内容)三个层次。

首先,上位层次(国家课程和教学内容)。国家课程和教学内容是体育教学的上位层次,体育教学内容是由国家的教育行政部门统一规定的,各个地方学校必须服从,体现出一定的强制性。对我国基础教育教学质量的好坏有着决定性影响。国家课程和教学内容充分符合国家意志,能够使学生在接受基础教育之后达到我国的预期体育素质,在体育方面成为一个合格的公民。国家在体育课程和教学内容的开发上,依据的通常是不同教育阶段的性质与培养目标,通过这些因素对体育课程标准等方面进行制定,从而编写出符合实际的教学内容。这些因素在我国基础教育体育课程框架中是作为主体部分而存在的,它无论是涵盖的内容,还是占的课时比例,都比地方课程和学校课程的内容和课时占比多。

其次,中位层次(地方课程和教学内容)。地方课程和教学内容是体育教学内容的中位层次,具体来说,它是针对国家规定的各个教育阶段的体育课程内容来进行开发的。地方课程教学内容体现了与教学的具体实际情况(政治、经济、文化、民族等)的适应性,该部分教学内容的开发者大多为省一级的教育行政部门或授权的教育部门。地方课程和教学内容可以使地方体育教学资源得到充分的利用,与当地的教育发展情况紧密结合起来,体现出一定的地域性特点。

最后,下位层次(学校课程和教学内容)。学校课程和教学内容是教学内容的下位层次,是与体育教学最接近的一部分教学内容,决定了学校体育教学的最终实施。学校课程和教学内容具有多样性和选择性的特点,其主体是体育教师,它以国家课程和教学内容、地方课程与教学内容为前提进行具体实施,并将科学评估本校学生的特点和需求,对当地社区和学校的体育教学资源进行充分的利用,以学校的办学思想为依据作为基础。在体育教学中,体育课程资源的开发要以国家教育方针、国家或地方体育课程和教学内容等为依据,教学内容的设计要充分体现出独特性和差异性,以实现学校体育教学目标、促进学生的身心全面健康发展、满足每一个在校学生的体育学习和体育发展需求。体育教学内容的上位层次、中位层次和下位层次三部分内容的建设是由国家、地方、学校共同完成的,这三个层次的职责不同,所以其所涵盖的范围和在教学当中所占的比重也有所不同。

2.微观层次

任何一门学科课程的实现都是以教学内容为载体,根据教学内容论的观点,教学内容是包含多层意义的,体育教学内容也不例外。从微观层次来看,根据体育教学内容具体化的程度,体育教学内容的微观层次包含四个层次。

第一层次——体育课程标准所示的学习内容。体育课程标准对体育教学内容的选择具有重要的指导作用,教学内容是为实现体育课程目标服务的,教学内容应符合课程标准要求,如体育与健康课程标准下,教学内容应充分考虑学生运动参与、运动技能、身体健康、心理健康、社会适应的实现。这种分析实际上是活动领域的一种表述,并非常规意义上的体育教学内容。

第二层次——课程标准所示的水平目标。体育教学内容微观层次的第二层次是第一层次形式上的具体化,是对通过体育教学学生应达到的具体学习效果的一种要求。和第一层次教学内容相比,第二层次的教学内容更重要的是实现体育课程的能力标准,即通过具体教学内容的学习,学生应该达到一个什么样的能力标准和层次,掌握哪些知识和技能,达到什么样的水平是比较合格和合理的。

第三层次——体育教学的教学物质设施。在这一层次中指的是教学中需要具体运用到的硬件与软件等物质设施,也就是说属于普遍意义上的教学内容的教具,比如足球、武术、游泳等运动项目,以及这些项目进行所需场地器材和设备。这一层面的体育教学内容是通常我们所说的教学内容。该部分教学内容依据不同功能和形态,按照大小练习循环及循环多少也可以分为四个层次,具体如图 2—1 所示。

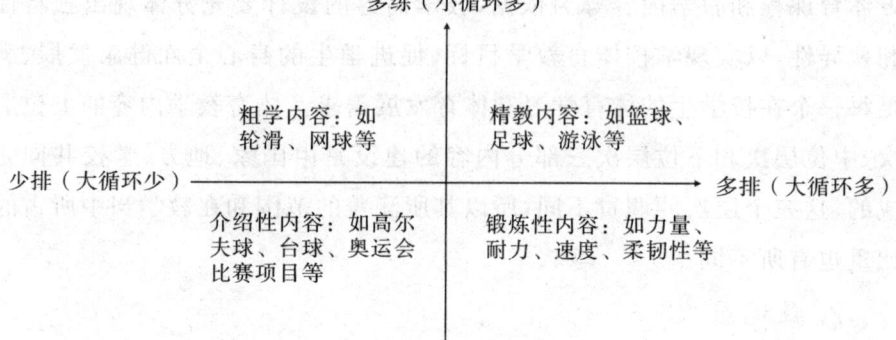

图 2—1 体育教学的教学物质设施内容

第四层次——体育教学的教学方法与手段。某项教学内容下位的具体教学内容,在体育教学中,练习教学内容、游戏教学内容、认知教学内容等都属于这一层次。例如,一项运动的具体练习教学内容,游戏教学内容,以及认知教学内容等一系列拆分开来的教学内容。

(二)体育教学内容分类的基本要求和分类方法

1.体育教学内容分类的基本要求

(1)与教育价值取向相一致

随着社会和教学需要的发展,并没有哪一种体育教学内容的分类是一成不变的。不同时期学校体育教学的目的不同,教学内容也不同。不同体育价值观下的体育教学内容也不同。

(2)以体育课程目标为中心

一切教学活动都要围绕着体育教学目标进行。体育教学内容应为满足体育教学的目的和任务服务,它是实现体育课程目标的重要手段,因此,体育教学内容的分类必须考虑到能否有效帮助体育课程目标的实现。体育教学内容往往是多功能的,所以对体育教学内容进行分类必须充分考虑体育运动项目或身体练习的特点与功能,以便于为更好地实现教学目标选择与之相适应的教学内容。

(3)与学生发展规律相符合

体育教学内容要充分考虑学生的身心发展特点。学生正处于青春发育期,不同年龄阶段的学生,其生理特征和心理特征具有不同的表现,教师在选用具体的教学内容时,应考虑教学内容是否符合该年龄阶段学生的特点。针对学生此年龄阶段的生理和心理特点选择适当的体育教学内容,充分遵循了学生身心发展的基本规律。机体和心理在一定年龄阶段的可承受运动负荷与从事运动项目是对应的,教师应充分把握这一规律。以小学低年级的体育教学内容为例,在这一阶段体育教学的运动技能的目标主要是对学生的基本活动能力进行发展。因此与该阶段学生相符的教学内容比较适合采用以基本活动能力与游戏来进行分类,这样做对于发展小学生的基本活动能力,以及对小学生在体育兴趣方面的培养是非常有利的,从而充分调动学生学习体育的积极性与主动性。

(4)要有利于教学实践的开展

对体育教学内容的科学分类应始终坚持为体育教学实践服务的基本教学理念。对体育教学内容进行具体分类时,应便于体育教师在体育教学实践中对体育课程内容进行选择与安排。体育教学内容的分类不但要合理,而且必须符合科学规律,分类的正确与否将交由实践来进行验证。

(5)紧密联系其他教学要素

体育教学体系包括多个教学要素,教学内容是其中重要的一个,体育教学内容的分类应当做到与体育教学方法和评价方法相互联系,以形成一个完整的系统,从而成为一个整体,这样有利于体育教学评价的顺利进行,也就是说,进行体育教学内容分类时,必须树立系统观念。

2.体育教学内容常见分类方法

现代体育教学内容丰富,涉及的体育运动项目种类繁多,因此进行体育教学内容分类时,必须充分考虑,按照逻辑进行分类。对体育教学内容进行合理的分类能够使教师和学生对于体育教学内容的认识更加深刻,同时有助于教学目标的实现。大多数体育教学内容之间的关系是平行的,并没有过多的纵向逻辑关系,加之体育教学内容往往是可替代的,因此在体育教学内容的分类上,争议还是比较多的。目前,体育教学内容的分类方法大致包含以下几大类。

（1）根据体育教学功能分类

根据我国体育课程相关的文件，以三维健康观、体育的本质特征、体育与健康课程等几个领域的目标为依据对体育课程的内容体系进行了重新构建，体育教学内容被划分为包括运动参与、运动技能、身体健康、心理健康和社会适应五个方面。

（2）根据体育教学目标分类

根据体育教学的目标进行分类，在体育教学分类方法中比较常见。这种方法是依据人们赋予的体育教学所要达到的目的进行分类的。比如在发展学生身体素质的练习、提高学生运动技能的练习、培养学生运动安全和运动损伤预防的练习等。根据体育教学目标对体育教学内容进行分类的方法，能够使根据多种目的的身体练习进行人为的规定得以实现，能够使教学内容具有一定的目的性，对于打破陈旧的、以竞赛为目的的教学内容编排体系也非常有利，从而保证学生能够学到比较多的体育教学内容。

（3）根据机体活动能力分类

以人体的基本活动能力为依据进行分类，就是根据人类具有的走、跑、跳、投、攀登、负重等基本活动能力，从而对所有的运动项目、身体练习按照这一标准进行分类。根据人体基本活动能力对体育教学内容进行分类的优点在于，有利于促进有目的、有针对性地对学生的基本活动能力进行培养，并且不会受到正规体育运动项目规则的限制，有利于在从组合教学内容的基础上来对学生的各种身体动作和发展基本活动能力进行发展，尤其适合对低年级学生的教学内容进行分类。该分类方法的缺点在于，通过不同教学内容的学习对于学生掌握体育运动技能、发展体能等方面具有一定的局限性，对于高年级学生来说其要求往往无法满足，容易使高年级学生失去体育学习兴趣。

（4）根据身体素质内容分类

身体素质主要是指人体的运动能力，主要包括力量、速度耐力、灵敏、柔韧等基本身体素质。体育教学的主要目标之一就是帮助学生增强身体素质。因此，根据身体素质对体育教学内容进行分类是一种非常重要和普遍的分类方法。具体来说，根据身体素质内容进行分类，可以根据速度、力量、耐力、灵敏、柔韧,或者根据与动作技能相关的体能分为速度、力量、灵敏、协调、平衡、反应等,也可以根据与健康相关的体能将身体素质分为心肺耐力、柔韧性、肌肉力量、肌肉耐力、身体成分等,可以将这样各个不同运动项目的身体练习进行完全不同的分类组合。该分类方法既有优点又有缺点,优点在于能够有利于学生正确认识各种体育运动项目与身体练习,并促进学生体能素质的全面发展,同时,还能够有目的、有针对性地使学生的体能获得非常大的进步。缺点在于,由于在体育运动项目当中,许多项目并不是以提高某一方面身体素质为前提的,因此对待这类项目时这种分类显得比较模糊,而且这种分类在学生对体育教学内容文化特性的认识上可能使学生产生误区,即体育学习主要是体能素质提高,容易忽视体育理论知识学习和体育专项技能学练。

(5)根据体育运动项目分类

根据运动项目对体育教学内容进行分类是一种非常普遍的分类方法,在体育教学中应用较为广泛,该分类方法具体是按照各个运动项目的名称和内容而进行具体的系统分类的,大致可以分为球类、体操、田径、武术、体育舞蹈、冰雪运动、水上运动等,对各式各样的运动项目根据特点加以详细地划分。根据运动项目对体育教学内容进行分类便于学生明确了解学习内容、对于学生了解和掌握体育运动文化具有非常大的帮助。但是应该充分认识到,该分类方法对一般学校体育常设体育项目教学并无不良影响,但是对并没有被列入正规体育比赛的项目当中的一些运动项目容易忽略,而且在正式比赛的项目当中,很有可能由于规则、技能等方面具有相当高的水平,使教学内容与学校体育教学不相符。因此,需要对竞技性过强的体育项目教学内容进行适当的加工、改造,使其与学生的生理发展和心智发展水平相符,这对体育教师对体育教学内容的加工、改造能力具有较高的要求,如果体育教师的能力有限而强行加工和改造教学内容,则很有可能导致原有体育教学内容性质发生变化。

(6)综合交叉分类

综合交叉分类是一种将基本部分与选用部分、理论与实践教学内容、各项运动的基本教学内容与提高身体素质练习教学内容等相互交叉的综合分类方法。从分类角度来讲,综合交叉分类与一般事物分类原则相违背,不是用同一标准对体育教学内容进行衡量的。但是,采用综合交叉分类对体育教学内容进行科学分类,能够准确地将不同学生的不同年龄阶段身心发展特点和对学生学习的基本要求反映出来,对达成体育教学目标有非常突出的作用,在有助于保持运动项目的固有特点和系统性的基础上,同时增强学生进行身体锻炼的实效性,从而在体育教学内容的运用上使运动项目的技术和学生身体素质的联系综合、全面协调的发展。

三、现代体育的基本教学内容

当前,我国体育教学日益受到重视,学校体育教学内容丰富多彩。当前,在我国各级各类学校开设的体育教学基本内容包括以下几个方面。

第一,体育、保健原理与知识。学生学习体育、保健原理与知识有利于其更深刻地理解体育对人类社会、对国家、对自己未来发展的重要意义,有利于学生科学的从事体育健身实践、自觉参与各项体育活动。体育、保健原理与知识教学内容是体育教学的基础内容,通过该部分教学内容的学习,学生应掌握基本的体育常识,了解体育保健的相关原理,并能在日常生活实践中科学地运用体育保健知识来指导自己的体育锻炼活动,提高体育锻炼的科学性、安全性。该部分内容教学应密切联系生活实践,并注意教学内容的系统性。切忌教学内容的支离破碎、简单无逻辑的知识罗列。

第二,田径运动。田径运动是体育教学的基本教学内容。它与人的走、跑、跳、投等基本活动能力有内在关系,所以被誉为"运动之母"。田径运动是体育教学内容最基本的部分,对于学生基本身体素质的提高和为学生参与其他体育活动可以奠定良好的基础。田径教学内容包括走跑、跳跃、投掷等几类运动项目内容,通过田径运动教学,学生应了解田径运动文化、掌握田径运动原理、掌握田径运动各类运动项目的运动技术,并能在课外科学地从事田径运动,为之后的田径专项学习和其他项目学习奠定知识和技能基础。

第三,球类运动。学校体育教学内容中的球类运动教学主要包括足球、篮球、排球、乒乓球、羽毛球、橄榄球、网球等球类运动项目的教学。球类运动教学的目的在于使学生了解球类运动概貌、认识球类运动的基本规律和特点、理解球类运动文化、掌握和提高球类运动技能。和其他教学内容相比，球类运动教学内容较为复杂，学生掌握球类运动技战术需要一个较长的时间并付出艰辛的练习。在进行球类运动的教学过程中，教师应根据具体教学内容的逻辑顺序合理安排学生学习，如先进行技术的学习，再进行战术的学习；先学习战术的配合，再学习战术的实施，再进行攻防的转换。总之，球类运动教学内容的教学应建立在遵循球类运动特点、技能发展规律、学生认知规律和技能学习规律的基础之上。同时，教学过程中，应注意教学方法的科学选用，以促进学生全面、准确掌握教学内容。整个教学过程中，还应注意将球类运动基本理论知识、球类运动技术、球类运动战术、球类运动竞赛等的教学充分结合起来。

第四，体操运动。体操的历史较为悠久，自人类进入文明时代后，体操就一直伴随着人类的发展，它还与人克服各种外界事物的心理欲求有联系。因此是体育教学的重要内容。现代体操运动包括技巧、支撑跳跃、单杠和双杠等。它是一项有助于发展个体的力量、协调、灵活、平衡等能力的运动，通过体操运动教学，学生应掌握体操运动文化与基本常识，了解体操运动的基本原理与特点，掌握基础的体操技术动作，并能在课余体育活动中进行一些实用性较强的体操技能练习，以提高自己的体能素质水平和体操技能水平。在体操教学过程中，对具体教学内容的选择应充分考虑到它的竞技、心理、生理等方面，力求将这些方面在教学过程中充分体现并全面地呈现给学生，使学生能够通过体操内容的学习来增强体质、提高运动能力。教学中，注意动作难度、幅度，改变动作连接方式、运动负荷等的循序渐进。

第五，民族传统体育。民族传统体育是我国优秀体育文化的重要组成部分，是我国体育教学区别于西方体育教学的一个重要内容。我国民族传统体育传承发展五千年，内容丰富、种类繁多，民族传统体育纳入高校体育课程教学是传承我国民族传统体育文化的重要和有效途径，我国民族传统体育项目具有丰富的文化内涵，学生通过该部分教学内容的学习，能有效实现强身健体、调节心理、养生保健、技击防卫等目的，同时，对于学生增强民族自豪感和民族自尊心也具有重要的促进作用。具体来说，了解民族传统体育中的礼仪文化、道德内容，培养学生的爱国精神、民族自尊心,使学生能保持足够的学习热情,掌握几项技能以养成终身体育锻炼的习惯,并能为民族传统体育文化的传承培养更多的接班人。在体育教学中,学生学习我国民族传统体育内容需要付出比其他项目更多的耐心,这主要是因为我国民族传统体育对学生的身体素质要求较高,尤其是武术基本功的练习需要学生具有扎实的基本功基础,否则就不能完成一些具有难度的技术动作和套路练习。民族传统体育教学应分配较多课时。特别需要注意的是,我国民族传统体育项目内容来源于人们的日常生产生活,与生活习俗、民族风情等息息相关,因此,在教学中,体育教师应注意突出我国民族传统体育教学内容的文化性、范例性、实用性,特别重视民族传统体育教学内容的文化背景和意义的阐述,为我国民族传统体育的可持续发展营造良好的文化氛围,并培养一批优秀的文化传承人。

第六,韵律运动。韵律运动包括健美运动、民间舞蹈、健美操、体育舞蹈、韵律操、艺术体操等内容。教学目的在于改善学生的体态,培养学生的动作节奏感和肢体表现力。在体育教学实践中,安排韵律运动的教学,应注意从韵律运动的特点入手,通过学习使学生了解韵律运动的舞蹈、音乐理论基础和特点,提高学生的审美意识和审美能力,并通过技术动作练习提高学生肢体的艺术表达能力,并注意在韵律运动的练习过程中培养学生的自我创造意识和创造能力。

四、体育教学内容的选择

体育教学内容有宏观和微观之分,这为地方和学校具体体育教学内容的确定提供了必要的参考,同时给予了非常大的自由性。我国幅员辽阔、民族众多,形成了丰富多彩的地域体育文化、民族文化。不同地区的学校在选择体育教学内容时,应充分考虑本地区、本民族的特点,选择具有地方特色的民族传统体育内容,一方面,可以使学生产生亲切感,提高学生体育学习的兴趣;另一方面,有助于本地区体育文化的推广、普及和传承。在体育教学实践中,体育教师对任选体育教学内容的选用不是无章可循的,教师应在体育教学大纲的指导下、在充分分析学生身心发展特点的基础上,对本地区体育活动内容进行考察、筛选,选择具有代表性的、能促进学生身心发展的、有助于实现体育教学目的的体育运动项目,并在教学过程中注意充分体现出所选体育教学内容的文化性、地域性、民族性、可操作性和实用性。

　　体育教学内容选择是现代体育教学设计的核心问题,因此,选择应准确、科学、得当。

(一)体育教学内容的选择依据

1.体育课程目标

　　体育课程目标是体育教师在教学工作中必须始终牢记的一个内容,在选择体育教学内容时应对备选的教学内容进行筛查,或者直接根据体育课程目标去寻找合适的教学内容。课程目标是选择教学内容的重要依据。体育教学内容是实行体育课程目标的重要手段,要促进课程目标的实现,就必须选择与之对应的教学内容,这是毋庸置疑的。体育课程目标编制过程中,在每一个阶段内都作为教学内容的先导和方向,所以它经过了多方专家的合理思考推论,对各个方面的影响都进行了认真合理的验证。体育课程目标具有多元性的特征,体育运动项目和身体练习也具备可替代性的特征,体育教学内容丰富,应从中选择出最能实现体育教学目标的一部分教学内容来进行教学。

2.客观教学规律

　　体育教学内容的选择应符合体育教学的客观规律,在不同教学阶段选择不同的体育教学内容。体育教学内容的选择应符合学生身心发展规律、学习认知规律、技能形成规律等。体育学习需要学生的主动参与,而主动参与就是说,学生自身积极和努力是必不可少的。通常学生如果面对感兴趣的事情,那么其参与的动力就会大大增加,学习的效率也将倍增。因此,对体育教学内容进行选择的一个必要的因素就是学生对于体育的需要和兴趣,以便于充分调动学生学习的积极性与主动性。教学初期应选择娱乐性较强的体育教学内容,教学过程中应注意多样化的体育教学内容的选择。体育教学活动的主体是学生,教学内容选择应符合学生的生长发育、技能发展的客观规律。具体来说,在选择体育教学内容时,学生的需要是必须考虑的。体育教学以促进学生身心发展为目的选择相应的体育教学内容。

3.学生发展需要

学生是体育教学的对象,体育教学内容必须使学生可以接受,并且产生兴趣。所以进行体育教学内容的选择时,学生的特点就决定着教学内容当中的各项要素。绝对不能忽略学生的实际情况。体育教学内容应能满足每一个学生的体育发展需要,通过体育学习,使每一个学生都能有不同程度的发展。

4.社会发展需要

学生的个体发展无法脱离社会的发展。因此,体育教学能够在健康方面为学生打下良好的基础,所以在进行体育教学的内容选择时,除了考虑学生本身的需求,社会现实发展的需求也必须被考虑进去。社会是学生实现自我价值的最终归宿,体育教学内容必须能够满足学生在社会上发展当中各方面的需要。除此之外,体育教学内容必须做到与社会生活和学生生活联系在一起,这样才能让学生体会到它的作用,其功能得以实现,因此,体育教学内容的选择与社会实际相符是非常重要的。

(二)体育教学内容的选择原则

1.教育性原则

进行体育教学内容选择的时候,应始终坚持体育教学育人的根本目的和任务,充分体现体育教学内容的教育性。第一,体育教学内容选择应从教育的基本观点出发,分析其是否与教育的原则相符;第二,体育内容选择必须与体育课程的主要目标相匹配,确立"健康第一"的指导思想,并以此作为体育教学内容当中最基本的出发点;第三,体育教学内容选择应看重彰显文化内涵,在学生学习体育技能的同时更能深刻体会到体育文化修养带来的益处;第四,体育教学内容的选择应考虑对学生品德、智力、体质等方面的全面发展是否有利,对不同学段学生的发展特点和规律都要充分考虑到,其个体差异与不同需求将会在其中起到很大的作用,确保每一位学生受益;第五,体育教学内容选择应与社会的固有价值观同步,有利于满足现代社会对学生的发展要求。

2.科学性原则

科学性在体育教学内容的选择中具有十分重要的作用。体育教学内容选择是否科学直接关系到教学的效果与质量、教学目标的实现及学生的发展。第一,体育教学内容的选择必须有利于学生身心的协调共同发展。对虽然有利于学生身体健康,但对于学生的心理健康并不合适的教学内容应摒弃,反之亦然。教学内容的选择必须使学生身心均有所发展。第二,体育教学内容要使得学生能够从根本上对科学锻炼的原理和方法有一个深入的了解,增加学生从事体育锻炼时的自觉性和积极性。第三,体育教学内容本身的科学性。科学性不足的新型体育项目不应进入课堂;第四,体育教学内容的选择应与学校的具体实际相结合。

3.趣味性原则

兴趣是帮助一个人学习的最好老师,学生学习体育基本知识在很大程度上受其体育兴趣的影响,体育学习兴趣是决定学生体育学习的主导力量。因此体育教学内容的选择应注意突出趣味性。一方面,对竞技性强的教学内容应予以摒弃或进行健身性改造。大多数竞技运动项目的健身价值和教育价值是不可低估的,但是,教师过度关注竞技运动项目教学的系统性和完整性,用培养运动员的方法进行体育教学,会导致很多学生厌恶体育课。另一方面,要根据学生的各方面特征尽量选择他们感兴趣的、有趣味的内容。在选择体育教学内容时必须充分考虑学生的兴趣。

4.实效性原则

所有对学生健康有利的教学内容都是教学内容选择的良好范围。实效性,具体是指体育教学内容应具有实用性、简便易行、有助于学生身心健康的有效发展。国家相关文件在教学内容的改革中,强调要改变教学内容当中的"难、繁、偏、旧"以及教学过程过度的偏重书本知识的现状,体育教学内容应避免该方面内容。体育教学内容的选择一定要兼顾选择与学生自身的体育学习兴趣和经验相接近的以及大众喜欢的、社会上比较普及的内容,加强学生生活与现代社会和科技发展之间的联系,同时强调运动项目的健身娱乐效果,为学生的终身体育奠定基础。

5.适应性原则

体育教学内容的选择过程中,体育教师应充分考虑所在地区及学校所在地的气候、地理、经济、文化等条件,选择的体育教学内容具有付诸教学实践的可能。

6.民族与世界结合原则

体育教学内容应体现民族性、符合我国实际,同时要与世界体育发展接轨,建设体育强国。民族的就是世界的。不能对自己民族的东西盲目自信,但更不能有崇洋媚外的思想。体育教学内容的选择应该与时俱进,体现当今时代中国的特色。总之,体育课程内容的选择要在保留我国民族传统体育当中精华部分的同时,对国外好的课程内容有选择地加以借鉴吸收。将一切优秀的体育文化都能纳入体育教学中去。

五、体育教学内容的加工与开发

(一)体育教学内容的加工

1.体育教学内容的加工要求

首先,应当考虑学生的基础。对体育教学内容的加工应充分考虑学生的基础,如认知能力、理解能力、身体条件、机体承受能力等,使体育教学内容的加工与学生情况相符合,使学生通过体育教学内容的学习能切实促进身体生长发育和心理健康发展。

其次,应当满足学生需要。满足学生需要是体育教学内容加工的一个重要要求,在体育教学过程中,学生是教学的主体,不能只考虑体育教学内容本身的难易程度,还应考虑体育教学内容的多少、逻辑性是否能满足学生学习和发展的需要。

最后,应当符合加工要求。对体育教学内容进行加工处理,目前主要采取两种方法,螺旋式排列和直线式排列,以整合出新的体育教学内容。不论是哪一种排列法,都需要注重不同的体育运动和身体练习的特征。螺旋式排列强调相同教学内容在不同年级或水平重复出现的阶段性提高,直线式排列指学习了一个运动项目或进行了某种身体练习后,不再重复出现。两种排列不可交叉,否则就会影响教学效果。

2.体育教学内容的加工程序

第一,审视教学观点。体育教学内容的选择应从社会的生产生活以及教育、科学等发展的实际出发,充分考虑社会发展对人类健康的要求,分析和评价现有的体育教学内容。观察教学内容对学生进行锻炼、增进健康、思想品质培养是否有利。将与教育要求不相符，也不利于学生身心健康的内容舍弃。

第二，整合教学内容。依据不同学段学生身心发展的特点进行选择，对体育教学内容的功能进行分析，并整理合并具体的体育运动项目和身体练习，进而作为形成体育教学内容的基本素材。

第三，确定课程内容。结合学校条件和学生情况确定体育项目，并对体育项目的具体练习内容进行加工处理，在体育教学中，可供体育教学内容作为素材的体育运动项目和身体练习是非常多的。然而，体育教学的时间有限，因此要对具体的内容进行整合、取舍，使最终的教学内容最有利于实现体育教学目标和促进学生发展。

第四，可行性分析。在选择体育教学内容时，要分析教学内容实施的可行性。这主要是因为，体育教学实践受地域、气候条件等诸多因素影响，某一教学内容在某一个地方适合，而在另一个地方却不适合，在选择时，一定要为各地、各校选择和实施体育教学内容留下足够的余地，保证在实际的体育教学中的执行弹性。

（二）体育教学内容的开发

体育教学内容的开发，旨在寻找更丰富、更适合体育教学实际和有利于促进体育教学目标的教学内容，一般应从以下几个方面着手进行。

第一，延续传统体育教学的内容。现代体育教学内容丰富，在长期的体育教学改革过程中，一些体育教学内容被保留和传承下来必然有其科学性，这一部分教学内容能切实促进学生身心发展、符合体育教学课程目标要求、具有良好的学生基础，因此对这部分体育教学内容应予以保留，只是在体育教学过程中，可以通过改变教学模式、教学方法、教学手段等进行体育教学创新，更进一步地体现该部分体育教学内容的教育性、趣味性、健身性、科学性、社会性。

第二，参考上级课程文本的建议。所谓上级课程文本，具体是指"国家教育行政部门规定的统一课程和教学内容，它体现国家的意志，是专门为未来公民接受基础教育之后应该达到的共同体育素质而开发的体育课程和教学内容"，上级课程文本具有导向性和政策性，它充分考虑到了各地的不同情况,给地方、学校、体育教师一些自由的空间以及自由发挥的余地,因此,在选择教学内容时,各地方学校要在上级课程文本的建议下,有针对性地对本校现有体育教学内容进行补充和丰富。

第三,修改上级课程文本的规定。我国体育教学课程文本对教学内容的规定是宏观的,这是充分考虑了各个地区以及学校的具体情况可能存在的不一致性,而实际上上级文本所涉及的教学内容也未必能考虑周全,在实际的体育教学过程中很有可能出现与本地、本校实际教学情况不符的情况,针对此类情况,应对上级课程文本规定的教学内容进行适当修改,前提是必须在领会和坚持上级文本精神和规定要求的基础上进行。

第四,改造传统体育教学的内容。对传统体育教学内容中不符合时代特点、学校和学生实际的内容进行有针对性的改造。随着时代的发展和体育教学的改革,一些传统体育教学内容已经无法适应学校体育教学的需要。因此,为了使传统体育教学内容更好地发挥其优势,以便为体育教学服务,需要对其进行适当的改造。具体来说,对某个具体的学校体育教学内容资源而言,从中提取一些要素,改变一些要素,增加一些要素或舍弃一些要素就可以形成一个新的体育教学内容。如降低难度、简化规则、游戏化、实用化、生活化等。

第五,引进新兴的体育教学内容。体育运动是不断向前发展的,体育教学也应是不断向前发展的,在发展过程中,必然会有新的体育运动项目和新的体育教学内容出现。近年来,为不断丰富体育教学内容,一些体育教师尝试将一些新兴的体育运动项目纳入学校体育教学中来,如街舞、瑜伽、拓展训练等,这些新兴的体育运动项目引起了广大学生的学习兴趣和好奇心,使体育教学收到了不错的效果。因此,吸引新兴的体育运动项目是切实可行的,能为体育教学注入新的活力,有助于激发学生体育学习的热情。社会进步令体育运动更加丰富多彩。学生更加追求新鲜的体育项目,所以体育教学内容也要注重推陈出新。我国多民族的特性决定了各个民族都有出色的民族特色体育项目,这些民族项目既各具特色,又有良好的健身价值,在体育教学内容的选定中应适当根据具体情况加以选用,以突出体育与健康课程内容的时代性。需要注意的是,体育教师引进现代的新兴运动项目,需要注意依据现有的原理、规则、方法、场地器材条件等,要考虑新的教学内容是否与本校条件和学生发展相适应。

第二节　高校体育教学内容体系的构建过程

一、体育教学内容体系的构建思路

《新课程标准》充分重视了各阶段内容的衔接和体育知识系统化问题,对学生在体育教学过程中学习的递进性和知识的系统性进行了充分考虑,在课程目标上进行了一些新的描述。例如,在球类与体操学习目标的表述中,水平四的目标为"基本掌握一两项球类运动中的技战术""完成一两套技巧项目动作或器械体操动作";水平五的目标为"较为熟练地掌握一两项球类运动中的技战术""较为熟练地完成一两套技巧项目动作或器械体操动作"。从"基本掌握"和"完成"到"较为熟练地掌握"和"较为熟练地完成"。但是,如果水平四与水平五学习的球类项目不同,体操内容不是同一类器械体操内容,则无法保障从"掌握"到"熟练掌握"的递进式发展,各阶段教学水平就不能实现一致性,无法保证采用"大循环"排列方式实施体育教学内容,进而无法保证学生运动技能掌握的系统性。

为了使学生通过体育学习切实掌握一两项体育运动技能,就必须科学地选择教学内容,实现体育教学内容的系统性,具体来说,就是从国家体育课程教学内容中选择适合本地区教学情况的各年级、水平阶段适中的体育教学内容,充分保障教学内容选择的灵活性与规定性;使学校体育教学内容形成一个严谨、灵活的体育教学内容知识系统,促进学生循序渐进地、系统地学习体育教学内容。

二、体育教学内容体系的框架构建

首先,体育教学内容体系构建应当具有逻辑性。体育教学目标与体育教学内容关系密切,体育教学内容的逻辑性应充分参考不同体育课程教学目标的阶段性要求,坚持"目标统领内容"的理念,课程目标的阶段性、逻辑性对体育教学内容不同阶段的选择具有重要的指导作用。在体育教学实践中,不同教学阶段的体育教学目标不同,高年级的体育课程教学目标与低年级的体育课程教学目标之间是递进的关系,因此不同教学阶段的教学内容选择也应是由少到多、由表及里、由简到繁的递进过程。各个阶段性课程目标引领着与之相适应的体育教学内容。体育课程目标指导下的体育教学内容要尊重机体适应规律、技能发展规律、学习认知规律、符合学生不同阶段的体能素质发展的敏感期,这是学校体育教学内容体系构建逻辑性的重要意义所在。

其次,和体育内容一样,体育教学内容丰富,看似庞杂无序,但是深入研究体育教学内容的多条逻辑线可以发现,通过对体育教学内容各要素的控制,可以实现不同阶段学生所学习的体育教学内容难易适度,进而在整个受教育时期,实现教学内容学习的递进性,促进各方面素质的系统性发展。一些学者结合学生学习体育教学内容的递进性和系统性,提出了一个相对完善的与学校体育课程的目标相匹配的体育教学内容体系,其基本框架具体如图2-2所示。

三、学校体育教学内容体系的构建说明

(一)体育教学内容体系的逻辑说明

以体育教学目标为出发点,由基础到提高、由部分到完整,共有三条逻辑线,具体如表2-1所示。

基础类技术体育教学内容,提高类、拓展类体育教学内容,终身体育教学内容这三类体育教学内容之间是基础与提高的关系。

从对上述这三类体育教学内容的逻辑关系分析来看,在各类体育教学内容中,这三类内容的每两个相邻的体育教学内容之间均具有技术基础性和技术提高性递进关系,而不同学段、级段在选择和排列体育教学内容时,应遵循这一逻辑关系,体现不同阶段体育教学内容的阶段递进性。

(二)体育教学内容体系构建的基本要求

现阶段,要保证体育教学内容的系统性、完整性,促进学生对体育运动技术的有效性掌握,以为其参与终身体育奠定必要的技能基础,应在教学内容体系构建中明确以下三个方面的要求。

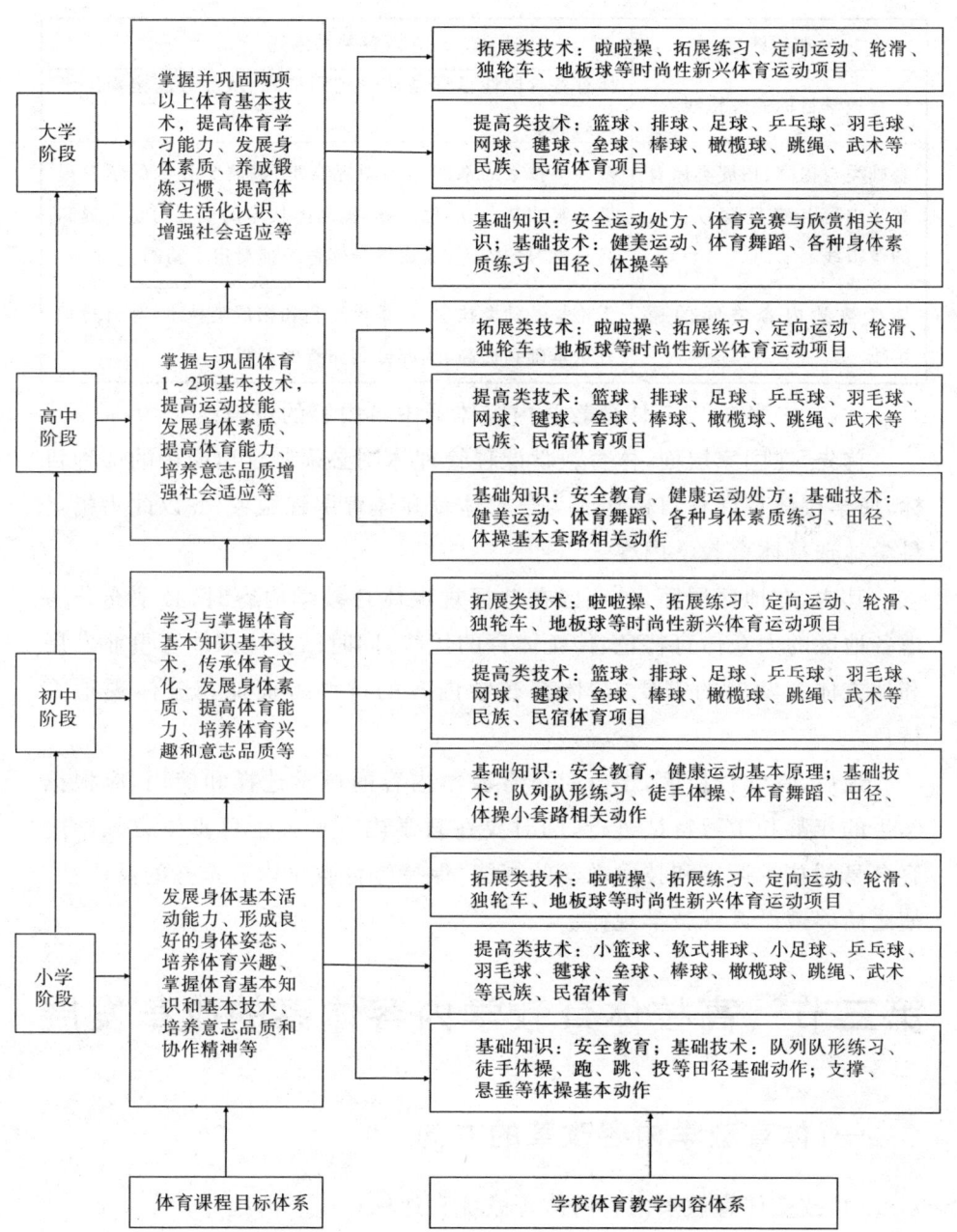

图 2-2 体育教学内容体系的基本框架

逻辑线	内容关系阐述
体育教学目标的逻辑线	体育各阶段性目标是从基础到提高、从部分到全面逐渐提高的
基础类与提高、拓展类体育教学内容与终身学习能力的逻辑线	基础类技术的掌握为各项提高类、拓展类技术的学习提供了素质基础、心理基础；提高类技术的学习为学生提高终身学习的能力，养成终身体育习惯奠定了基础
体育教学内容之间的逻辑线	无论是基础类技术，还是提高类和拓展类技术，其自身均有从基础到提高、从部分到完善的逻辑关系

表 2-1 体育教学内容体系中各内容的逻辑线

首先，在国家层面，体育教学课程管理体制必须制定出明确的课程目标，使学校体育课程目标切实为学校体育和体育课程服务，并以此为指导科学地选择体育教学内容。

其次，在地区层面，各地区在选择规定体育教学内容时，必须充分考虑各地区的大众体育特色、传统体育的优势，同时结合国家体育事业发展和地方体育发展的需要，在体育教学内容的选用方面能充分体现地方特色。

最后，在学校层面，学校对体育教学内容的科学选择和使用，应根据学生的年龄和学习特征进行，同时要在教学内容选择上尊重体育教学内容自身的技术逻辑和技术教学的规律，保持体育教学内容选择的灵活性，使之始终遵循客观教学规律。

第三节 高校体育教学内容体系的改革发展

一、体育教学内容改革的方向

(1)改变体育教学内容的体育锻炼和达标相统一的趋势。

(2)解决体育教学内容与学生社会体育活动之间的差距。

(3)解决体育教学中与体育教学内容难度有关联的"教不会""教不懂"的问题。

(4)解决学生因体育教学内容缺乏娱乐性而排斥体育课的问题。

(5)解决乡土教学内容开发不足的问题。

(6)解决体育教学内容民族化的问题。

二、体育教学内容改革的建议

(1)以学生为本,体育教学内容的选用应更多地从学生如何学以及他们感兴趣的角度出发。

(2)实现教学内容选择的自由化。改变体育教学内容规定过死的现象,扩大教学内容弹性,使地方学校和教师对体育教学内容的选择、设计更具灵活性。教学内容应范围广阔,让学生和教师选择体育教学内容的权限更宽广。

(3)逐渐淡化竞技运动的技术体系。

(4)重视女性教育,适当增加女生喜爱的韵律体操和舞蹈内容。

三、体育教学内容改革新体系

体育要做到与学生的日常生活相结合,与社会发展相结合,在新的体育教学改革方针指导下,体育教学内容改革强调内容的丰富性与实效性,一般认为,体育教学内容新体系应当包括身体教育、保健教育、娱乐教育、竞技教育和生活教育等五个方面。具体分析如下。

第一,身体教育。身体教育是指以健身为目的的体育教学。身体教育的目标是要提高人的各项基本活动能力。学校体育的本质决定了学校体育必须为提高学生的体质健康水平服务。"健康第一"是当前体育教学的重要教学指导思想和理念,因此,体育教学要重视学生健康素质水平的提高,重视学生身体成分、肌肉力量、有氧耐力及柔韧性等与健康相关的运动素质的发展。

第二,保健教育。保健教育与学生的健康生活息息相关,具体是指在学习相关体育知识的过程中确保学生的安全和健康,其中生理和保健知识也是必不可少的。在体育教学内容中必须重视运动处方的理论和实践,从而将保健教育和体育教学结合起来。为学生的健康成长奠定重要的理论知识基础。

第三,娱乐教育。娱乐教育是新时期提高学生体育学习和参与积极性及主动性的必然要求,是体育教学内容发展的一个重要内容,应该得到重视。体育教学内容中的娱乐教育可以非常灵活地结合在社会的每个角落。每个人每个民族的娱乐体育活动都是丰富多彩的,因此促使它成为体育教学内容,是一种有益的选择。因此,应在学校大力推广我国民族传统体育。现阶段,开设民族民间体育,如武术、踢毽子、荡秋千、爬竹竿等,扩大学校体育资源与体育课程资源,丰富学校体育的内容,促进我国传统体育文化传承与发展具有重要意义。

第四,竞技体育。竞技体育主要是以专项运动项目为主要内容的教学内容,在过去政治因素影响下,竞技体育一直是学校体育发展的重点,之后随着国家对体育教学"健康第一""以人为本""终身体育"的强调,竞技体育在学校的地位有所降低,但仍是学校体育的重要教学内容。竞技体育是社会体育文化的重要组成部分。在增进学生健康,培养学生的运动兴趣,提高学生的运动技能,培养学生积极进取的人生态度,增强竞争与协作精神、团队意识、心理调节能力、责任感等方面具有重要作用。但在教学过程中切忌照搬对运动员的要求而进行体育教学,应针对在校学生进行加工、改造、处理,适应学生实际情况和需求。

第五,生活教育。生活教育在这里指防卫训练、拓展练习、冒险教育及健康生活教育。社会发展影响着每一个人,城市化发展的加快使人们渴望接触自然,包括学生,因此很多学生希望亲近大自然。而这种追求,在体育教学内容方面又可以有新的选择。

四、体育教学内容的未来发展趋势

(一)以学生为主

体育教学内容的选择与确定将受到各个方面的制约。在过去的体育教学大纲中,体育教学内容的选择与确定往往更重视教育工作者对于教学内容的价值取向,因此重视的仅仅是教师的教。随着体育教学改革的不断进行,目前,体育教学逐渐摆脱了传统的以实现体育教师的教学去选择体育教学内容的做法,而逐步转变为教学内容的选择服务于学生的学习,从学生的实际情况出发,以实现学生对体育教学内容的价值取向。

（二）多样化发展

以往传统体育教学中，教师对体育教学内容的选择往往是简单地依据体育教学目标进行，或者是将体育运动中的运动项目直接地移植到体育教学内容中。这样的体育教学内容的选择过程是不利于体育教学发展的。在体育教学理念和创新理念指导下，未来的体育与健康教学大纲中，有关体育教学内容的选择，更加注重寻找体育学科内在的一些规律，体育课程中挑选的内容往往都是学生喜欢的，有利于促进学生发展的，富有时代性的。

（三）加强综合素质

在传统体育教学理念和模式下，以往的体育课程大都是以提高学生跑、跳、投等身体素质为目的的一种体能达标课，重视基础性，但发展性不足。新时期，社会需要全方面发展的人才，新的体育教学改革强调素质教育，因此对于学生素质的全面发展（身体、心理、智能、社会适应能力等）肩负着无比重大的责任。在体育教学内容方面，这项内容的选择与确定，同样要符合素质教育的要求，使学生的生理健康、心理健康以及社会适应性等均有所发展，为学生在社会中实现自我价值奠定了良好的发展基础。

（四）重视终身体育

我国传统体育教学内容更多的是体育竞技内容，重视学生竞技能力的发展，目的在于培养运动员，过度强调竞技性。现阶段，学校体育为终身体育打基础，使学生树立终身体育意识，实现终身体育目标已成为体育教学的一个重要的发展趋势。而终身体育目标的达成则取决于学生参加体育所需的技能、知识和态度。体育教学内容的选择应处理好健身性、运动文化传递性和娱乐性之间的关系，将生活中常见的具有健身价值和终身运动性质的运动作为体育教学内容。学校体育教学中，通过教师对学生日常生活、学习息息相关的体育活动的参与引导，使学生养成参与体育锻炼的习惯，将体育运动纳入自己的生活，并坚持终身参与。终身体育是人类自身和社会发展的必然。

在不同体育内容对学生素质培养的研究中，野外生存与拓展训练集挑战性、冒险性、趣味性和实用性等特点于一体，对于学生的综合素质培养具有重要的意义和作用，因此，这两方面内容在学校体育教学中比例的增加将是我国体育教学的一个重要发展趋势，在未来学校体育教学发展中必将进一步受到重视。

第三章 高校体育教学课程改革

第一节 体育课程教学基本理论

大学体育是学校体育的高级阶段,也是整个人生体育的中间环节,它对巩固和提高中小学阶段体育的成果,进一步培养独立锻炼的思想习惯和能力,奠定体育的终身价值是极其重要的。体育理论教学是集中地进行体育基本知识教学和思想品德教育的重要形式。体育卫生知识教育,可以使学生学会讲究卫生和预防伤病的各种手段,学会健康地生活;体育和保健基本知识对提高学生锻炼身体的自觉性、科学地进行体育锻炼、培养终身体育的态度和能力,以及提高体育文化素养有着重要意义。

一、我国普通高校加强体育理论课程教学的具体要求分析

(一)注重理论教学中的间接经验

在学习过程中学生学习的主要是间接经验,能够有效避免学生在学习过程中遭遇过多失败与曲折,在短时间内能够实现对文化科学基础知识的全面掌握,与此同时还能够探索未知领域的新知识。因此在我国高校体育理论教学中,想要提高体育能力需要全面加强学生的间接经验学习,将理论知识与实践技能实现良好的结合,按照实际需求安排好实践课程与理论知识学习的比例,从而最大限度地实现体育教学的最佳效果。

(二)教师需要结合学生身体差异性展开合理健身活动

展开科学合理的健身活动离不开教师对学生生理以及心理差异上的

关注,科学的健身活动并不是一项简单的活动,而是拥有众多环节的系统性工程,在只有保证每项环节都相互联系的情况下,整个系统才能顺利开展。学生的心理特征在该阶段已经趋于稳定,因此积极引导学生学习相关的理论知识可以推动学生对体育学习进行一定的掌握。除此之外,学生在性格及气质等方面也趋于稳定,能够对体育理论知识的重要性及体育课程学习的意义给予正确的认识。

二、加强体育理论教学在普通高校体育课程中产生的重要作用

(一)理论知识学习能够有效提高体育课程的教学质量

现阶段,高校担心体育课程的展开会对学生的学习成绩有所影响的情况,主要是由于教师没有真正地从理论上对体育课程展开起到的积极作用有全面的了解,对体育运动能够增强学生学习灵活性从而提高思维能力及记忆力没有正确的认识。因此积极结合体育理论知识教学,让学生对体育训练的益处有全面的了解,并对学习技术实现了有效掌握。想要达到这样的教学效果,不仅需要展开身体活动,还需要对各项技术运动的特点特性进行有效的观察与考虑,一方面增强了学生的学习兴趣,另一方面还能有效增强学生的学习成绩。积极将体育理论教学与实践技能学习相结合,极大地增强了师资队伍建设的同时,还推动了体育课程教学的进一步改革。

(二)理论知识学习能够增强学生的思想品德素养

在体育教学中加强理论教学能够有效培养学生的纪律作风及思想品德。体育教师通过理论教学能够在课堂中与学生进行充分的接触,在思想感情上能够实现较为融洽的状态。除此之外,学生在体育课程内展开活动,会将自身的思想与行为进行全面的表现,教师积极利用这个机会对学生的思想意识及行为方式进行合理的表扬或批评,能够有效更正学生的不良行为。通过理论教学展开思想品德上的教学,教师通过自身的思

想意识及行为方式言传身教,对提高学生的体育能力、身体素质、思想意识有很大的帮助。因此积极加强体育理论教学,将其与实践技能教学进行有效的融合,是提高体育教学质量与效率的有效途径。

三、强化高校体育理论课教学的对策

(一)教学内容的选择要突出全面化、终身化

高校体育理论教学受当前其他学科快速发展的影响,使我国普通高校体育理论教学的形式和内容面临着两种选择:①彻底改变现有的体育教学形式,重新构建统一模式的理论教学内容和体系;②基本上保持现有教学内容形式的相对稳定,同时又进行积极地调整和适度的补充,以解决现有理论教学内容与整个体育教育发展不相适应的矛盾。从实际操作的角度来看,我们认为最好选择后者为宜,即在现有的基础上,各学校根据自己的发展水平灵活地选择和扩展符合本校和本地区学生实际的教学目标、内容和形式。教学内容的选择既要考虑大学生的实际,扩大知识面,注重内容的实用性,加强体育的科学性和多功能效应的教学,进一步提高学生对体育的认识水平,又要强调身体锻炼的原理、原则、方法等,为终身体育奠定基础。运动项目的理论内容以球类和健美运动的训练方法、技战术理论、比赛规则及裁判法为主要内容,适当增加民族传统项目和娱乐项目的基本常识介绍。

(二)教材选择要从实际出发

普通高校多数学生体育知识、技术、技能偏低,而他们正处于青春期,思想活跃、思维敏捷、兴趣广泛,对体育的全新认识刚刚开始。再者高校教育的性质、任务决定了高校体育理论教材应有别于其他学科。因此,在教材的选择上应根据高校培养目标的特点以及学生的实际情况,制定出针对性强的教学大纲或编写适合高校实际的配套教材,即体育理论教材的选择应讲究科学性,突出实效性、针对性和时代性,既要考虑现实,又要预见终身。

(三)建立一支高水平的师资队伍

《中国教育改革和发展纲要》中明确指出：振兴民族的希望在教育，振兴教育的希望在教师。建设一支具有良好政治业务素质、结构合理、相对稳定的教师队伍，是教育改革和发展的根本大计。要搞好高校体育教学改革，提高体育理论教学的质量，关键在于具有一支高水平的师资队伍。因此，作为跨世纪的高校体育教师应注重自身素质的提高，不断学习、掌握新的知识，提高自身的理论水平和教学方法，才能提高教学质量，培养高素质的大学生。

(四)改变体育理论课考试模式

以往体育理论局限于体育的目的、任务、保健、测试及评价等内容，因学习范围狭窄、教学的目的性不够明确，难以起到提高学生全面素质的根本作用，死记硬背的多，很难发挥学生独立思考能力和创造能力。国内一些院校采用课堂主题讨论及课后笔记作业的双向渠道，促使学习情况反馈到体育实践中去，以增加认识与感受。并试行体育理论课考试以"体育论文"形式进行，学生反映良好，学生通过在图书馆查阅图书、电脑网上查阅及报纸广播等多方面收集资料，结合自身情况及所学体育知识撰写论文，使"被动学习"变为"主动学习"，学生视野扩大，知识面增多。学生对体育课的认识达到融会贯通，逐步使学生树立终身体育观所必须具备的基本品质及基本行为方式。

(五)强化体育教学过程中"学生"主体意识

无论是体育教学论如何归结，现实教学中体育教学的主体地位不清晰的现象时常出现。因此，对体育教学的受教者与教育者的关系的认知，是体育教学过程中极为必要的一步。对大多数个体来说，体育教学主体不明，则会出现操作性有较大偏颇的现象。作为学校的重要组成部分，学生是学校的不可或缺的立足之本，学生是教学的主体，这是学生学习与社会要求所决定，而不是个体所提出，体育教学人员应该认清这一主体地位,掌控体育教学人员的主导性功用,而不是全盘进行体育教学的直接操作,以体育教学人员的"教"替代了"学生的学和练"的过程,使学生失去其主体地位,而附属于体育教学人员的任务框架之下。体育教学的理念是要求提高学生的身心素质,增强体育学习兴趣,培养体育学习观念,提高个体的审美情趣,丰富其个体的生活。从这点上来分析,体育教学人员则起到引导作用和督促作用,其体育课的核心点在学和练上,而不完全取决于体育教学人员任务的完成。通过渐次增进的方式,进行体育教学,则有时间和有条件对体育学习者进行关注与帮助,从而达到体育学习者与体育教学者价值实现的双赢局面。

(六)体育教学科学化限度应落实到微观体育教学过程中

体育教学的科学化限度不是以口号式的方式进行宣传的,而应该落实到每个承担体育教学人员的微观体育教学中。通过简单的心率指标进行身体运动强度、学生心脏机能的测定,通过 POLAR 表的使用对个体进行运动中心脏能力的测定。通过乳酸阈测定与最大摄氧量的结合,对学生有氧工作能力进行测定,来衡量大学生体质的健康限度。在教学的过程中,利用姿势反射,对状态反射、翻正反射、直线加速反射与旋转反射进行一系列的讲解,以提高学生的学习与分析能力。通过对运动技能学习阶段的讲解,使学生了解运动学习分为泛化阶段、分化阶段、自动化阶段的具体表现,来进一步调整个体的运动技能的学习时机,有助于更好地进行体育教学。

体育理论课教学是当前体育教学中的薄弱环节,体育教师应重视理论课教学,不断改进和创新教学方法,以生动、具体、形象的语言和广博的知识,揭示大自然和人类社会体育运动的规律,激发学生对体育理论课学习的兴趣,这样才会使体育理论课教学收到应有的效果。

第二节　体育教学内容结构体系构建与改革

我国教育事业的逐年发展,各大院校也新增了很多不同的专业,针对不同专业的不同特点和培养目标,对于不同人才也有着不同的身体素质要求。面对这种多样化的需求,体育教师必须针对不同年龄及特点的学生进行体育锻炼的安排,使学生在体育课堂中有所收获,使体育课程更好地发挥其在培养人才方面的作用。特别在当今高校中,推广素质教育改革就要树立崭新的教育思想观念,建立适应教学内容的优化体系。

一、体育教学内容及体系的概述

(一)体育教学内容定义阐述

体育教学的内容分为广义和狭义两方面。广义的体育教学包括教养、教育和发展三方面。其中,教养侧重学生的知识传授方面,教育侧重学生德育教育方面,即学生的个人道德修养等。发展则侧重学生由内而外的自我价值实现方面。这三方面综合起来构成了广义的体育教学内容。狭义的体育教学主要是教师针对学生的不同特点进行课程的选择。即,教师在已定的教学大环境和学生专业发展需求背景下,以体育教材为基础,进行体育课程的选择和传授。体育教学的广义和狭义概念要求教师从学生的内在心理状态到外在个人生理发展上都进行引导与技能的传授。

(二)体育教学体系的阐述

体育教学体系包括学生、教师、教学内容与教学环境四个部分,而这四部分中,学生、教师与教学环境稳定性较强,除此之外的教学内容则具有相对的灵活性和不稳定性。教学内容是教师根据学生需要、自身能力和教学环境所指定的课堂内容和教学手段,从教学目标上来说,根据学生需求所制定的教学目标,只要是有益于学生自身的发展,并能够达到教学目的的手段,都为教师提供了诸多的教学手段和条件。体育教学是在校学生重要的活动形式之一,在增强学生体质的同时,陶冶了学生的情操,磨炼了学生的意志。当今社会,学生在学习的同时承受着巨大的生活压力,体育锻炼能够增强学生心理和生理承受压力,促进学生身心健康发展。因此,体育教师在制定教学目标、课堂选题与教学方面需要多费心思。

二、高校体育教学内容结构的优化措施

(一)体育教学内容结构主观目的性的改进

现在的高校体育教学内容体系应该融入更多的主观目的性,只有在客观的需求完全吻合主观目的时建立起来的体育教学内容结构才是稳定、合理的。我们要从两个层面理解体育教学内容结构的目的性。第一,基于学生在不同的学习阶段,对教学内容的需求是不同的现象,体育教学的内容结构要对应不同的阶段,所以在确定教学内容结构时要综合阶段需求,并且要认真地选择、合理的组合。第二,体育教学内容的结构要遵循学生的基本认知和接受规律,帮助学生形成合理的认知结构、技术技能结构、能力结构、体育方法结构。举例来说,起步阶段,体育教学的目标应该集中在提高学生对学习体育项目的兴趣、锻炼基本的身体运动、培养学生的自信心上,此阶段应该采用活动性游戏来学习简单的基础知识。在简单的了解所学课程的基本知识和养成一定的兴趣后,教学内容结构应该有所变化。这样,主观目的的不断调整将会为实现体育教学目标提供更好地支撑。

(二)体育教学内容结构关联性的改进

众所周知,体育知识和运动技能是极其丰富的。因此,体育教学内容结构的关联性主要体现在课程上所学的知识能够有效地扩充学生的知识范围,为学生进一步的学习发展打造良好的基础,包括良好的运动技术、技能基础以及建立良好的能力结构等。体育教学内容结构关联性包括两个层次,第一个层次的关联性是横向广泛性,一方面要涉及保健、营养、卫生、锻炼原理、竞赛规则等简单的基本知识。另一方面要能够促进身体发展的各种运动技术技能和练习方法,这些对于学生良好体育态度的形成有重要的意义。第二个层次的关联性是纵向的复合性,依据教学的基本

规律,对一个内容的学习要逐渐深化,也就是一个纵向的发展。但是高校的体育教学目标是多元复合的,这就需要这两个层次的有机融合,利用体育教学内容结构的关联性为学生带来创造性发展的机会和实力。

(三)体育教学内容结构包容性的改进

高校体育教学内容结构需要包容性,包容性的含义为体育教学内容结构的相互渗透、融会贯通。让整个教学的内容体系相互联系,形成一个完善的网状知识结构,产生"1+1>2"的效果。这种教学内容结构的纵向、横向的关联渗透的效果需要教学内容的包容。体育教学内容结构的包容性会为教学内容的选择带来了更大的空间,也使得体育知识技能拥有更大的综合性。

(四)体育教学内容结构动态性的改进

随着人类对体育教育科学的不断研究和探索,相关的新知识也会不断产生。而且体育运动的丰富性不断增加,这都为体育教学内容结构提出了更多的挑战,如何保证体育教学内容结构紧跟体育科学的发展步伐,满足社会的需求已经成为体育教学工作者的无法回避的课题,这就需要体育教学内容结构具备动态性。动态性可以保证社会产生的新知识及时反映在体育教学内容中。此外,根据当下社会对人才素质要求的变化,例如社会需要能适应快节奏、重压力、高竞争的人才,这些要求就应该反映在体育教学体系当中。综上所述,体育教学内容结构应该具备动态性显得十分必要。

(五)体育教学内容结构实践性的改进

实践性是体育教学的关键,也是体育本质属性所决定的。学习体育基本理论知识的目的是让学生正确理解体育课程以及以此指导体育实践活动。所以在安排体育教学内容时要考虑其对完成教学目标的重要限度,要与其他部分相辅相成。简而言之,就是体育教学内容结构兼具个别优势和多种内容有机合成的综合结构优势,这些都是建立在体育教学内容结构实践性上的。

三、高校体育教学内容体系的优化与完善

(一)改变传统落后思想

当今社会的在校学生大多处于"亚健康"状态,这与学生不重视体育课有很大关系,要想改变学生对于传统体育课的看法,就必须树立"生命在于运动"的思想。这一思想既强调了体育的重要性,又表明了运动对于生命健康的影响,是身体健康与体育相联系的连接点,启发人们通过体育锻炼进行更好地生活,也使体育与素质教育有了更好地结合。体育教学要想达到"健康为首,素质第一"的素质教育目标,就要帮助学生建立良好的运动习惯,掌握基本的运动技能,以运动来促进教育体系的改革。要对体育的目的、功能、教学手法与目的等做一次新的定位,建立起一个适应当今社会的体育教学体系。

我国体育教育的改革和发展经历的几十年后使我们清楚地认识到,众多教育思想相结合的当今社会,体育已经给我国教育发展注入了新的生机,带来了新的活力。但体育并不仅仅局限于学校之中,要培养学生在学校生活之外也养成良好的身体锻炼的习惯,使体育成为终身相伴的一项事业,最终达到终身体育的目的。只有这样,才能真正实现体育教学改革的真正目的,真正使体育造福社会。

(二)体育教学内容体系的优化与创新

1.体育内容体系的优化

要想对体育课堂教学内容进行优化,需要从结构方面入手,其中包括形式结构和实质结构两方面。从形式结构方面来讲,主要针对的对象是课程中辅助教学的如教材、说明等内容。对于形式结构的优化可以从根本上改变学生对于体育课程的认识,加快对于体育动作的学习,加深体育教学对于自身发展的理解。从形式结构上进行优化可以说从理论上丰富和优化了课程体系的内容。从实质结构优化方面说主要包括以下两个方

面:第一,是指体育教师在课程讲述中对于课程的自身理解和构想,也是对课程的一个框架的构思,要体现授课教师的主观意愿。这一过程中所要展现的知识与内容都是教师个人通过自己的想法和行动来进行构建的。第二,实质结构优化指教师在授课过程中每个课程的内容、主题的编排和顺序安排的方法。在实质结构优化过程中,教师需要根据自身理解来安排课堂的授课内容,选择该堂课的主题,并通过适当的安排方式使学生在课堂学习中获得最大的收获。通过经验和研究我们不难发现,要想优化体育教学内容体系,就必须将体育教学内容和体育课程并驾齐驱,与此同时,还要注重课程的实质结构优化,使实质结构与形式结构完美结合在一起,共同在教学中发挥作用。实质结构和形式结构的优化能够促进体育教学内容体系的结构优化和改革,从本质上对体育教学内容进行调整与改进。

2.体育内容体系的创新

21世纪的社会对于教育的要求是实现教学内容的多样化、综合化、现代化和信息化等。而在这之中,很重要一点是要关注体育和教育相结合。在当前素质教育全面推进的背景下,更加凸显了体育的在教育中的地位。在学生素质发展的过程中,身体素质是科学文化和道德素质的基础,这三者是相辅相成的。

第一,身体素质之所以处于基础地位,是因为没有健康的体魄,人的思想、科学文化、理想和道德等,都没有了可以依靠的载体,也就不存在价值的实现。因此,要提高整体素质,必须大力提升学生的身体素质,以确保学生处于健康的身体状况下,进行更高层次的精神追求。体育课应该最大限度的激发学生对于体育锻炼的自觉性和热情,以达到磨炼意志,培养公平竞争和积极进取的精神。同时,师生可以通过体育运动达到互相尊重,最终使学生建立起更加自信、自强的精神状态。体育教学应当重视对学生身心健康的引导,使学生对体育锻炼产生稳定的规律和模式,形成一种新的健康生活形式。

第二,为了适应当今社会的经济和社会需求,对于学生的能力需求有了更进一步的提升,要求学生专业基础好、知识面广、个人综合素质能力强。要达到这一目标,仅凭单一的课堂教学模式是不可能完成的,而要进行适当的角色转换,即学生由受教育者转向培养者,而教师也由单一方向的课程传授转向对学生个性和能力的关注与培养。这一过程要求学生更加注重实现自我价值的重要性。这就要求体育教学内容多样化,要增加大量的诸如网球、羽毛球等终身体育项目的课程。通过这些课程的开设,要求学生们不仅能够体会到运动水平的提升,更为今后强身健体,保持终身锻炼的习惯而打下良好的基础。

第三,在对体育课堂教材的选择上,要求具有多样性,这种多样性不仅仅是针对学生身心需求,更是由于身体练习的多样性。对于在校学生体育目标的设置,不仅要发展学生的身体,更要发展学生的心理。在当前的体育课程中,竞技运动项目被作为课堂体育项目进行加工与传授。竞技运动项目逐步通过教材化和娱乐化活跃在校园内外,大部分受到学生喜爱和熟悉的项目是来自竞技运动比赛的,诸如篮球、足球等。但随着社会的发展,越来越多的人追求身体健康的意识逐步提升,健身运动项目,诸如舞蹈、瑜伽等逐渐兴起。当然,健身运动项目与竞技运动项目本质上并不发生冲突,只要能够引起学生的兴趣,并同时没有过量的运动,便可以将竞技项目纳入健身运动项目的范围内,带动大家积极进行参与。因此,在处理竞技运动项目和素质发展时,主要强调其多样性和参与性,以便于学生进行选择和参加。

第四,根据人在不同时期对于知识和发展的需求,可以进行体育运动的不同安排。人在大学阶段以前处于求学期,体育教学以发展学生身体素质为主,从大学教育开始由学习期向创造期转变和过渡。大学期间的学习对于在校生来说,主要是基础能力和技能的培养,是对综合能力的培养,侧重发展学生的学习和创造能力。因此,在体育教学中也要格外重视体育方法的教学,着重进行开创性教学,培养学生终身体育的习惯和能力。

总之,体育教学内容要进行优化,就需要遵循学生心理和生理的发展过程,对体育教学内容进行多样化开展,以便满足不同年龄段不同学生的个性心理和生理发展需求,做好大、中、小学的内容衔接。

3.体育教学内容体系的完善

首先,体育教学内容体系的完善要突出课程的实用性。在针对不同学生进行教学计划的安排与设计时,要根据不同情况进行不同体育项目的选择。要尽可能地选择实用型体育项目,使学生能够将课上所学应用到课后的日常体育运动当中,达到学以致用的效果。这样能够带动学生进行体育运动的积极性,激发学生对于终身体育运动的兴趣。

其次,由于体育具有终身性,体育教学的任务就多了帮助学生树立终身运动思想的任务。体育教学要根据学生不同阶段和实际情况,督促学生进行体育锻炼,并养成良好的习惯,以便作用与今后的日常生活中,达到最终实现素质教育的目的。

最后,体育教学体系的优化和完善可以采取以下几种措施。第一,增加体育教学过程中基础性教学的内容,使学生从体能和技术上都能够得到适当的发展。第二,在体育教学中加入与社会的接触,如游泳、羽毛球等运动项目,一方面锻炼了学生的体能,另一方面也给予了学生与社会接触的其他机会,增加了学生的技能。第三,要针对学校的硬件条件进行体育课程的安排。体育课程的主要受益者是学生,这也就要求教师需要根据学生的兴趣、爱好等进行教学内容的选择。当然,教师在关注学生体能发展的同时,也要关注其心理的发展,要培养学生在失败中不气馁,勇敢面对挫折的精神。

总之,体育教学内容体系的完善具有以下意义:首先,推动了体育教学内容的研究,促进了体育教学理论的进一步完善。不同时期的体育教学内容和体系大相径庭,体育教学内容随着时代的发展和变化而逐渐演变,因此,呈现出多姿多彩的模式。体育教学内容作为体系中必不可少的一部分,应该针对教学中所出现的现象进行分析并给出解决方法,这样才能够帮助我们建立并优化新的有效的教学内容体系,达到体育教学的最终目的。其次,督促教师对体育的本质和现象进行更深刻的思考。只有这样,教师才能够向学生阐述体育教学的本质,并根据学生对于这些问题的反馈情况,结合当今最新的教学理念,进行重点教学,以求达到最终教学目的。最后,教学内容体系的优化与完善有助于教师科研和执教能力的提升。作为一门理论与实践紧密结合的课程,体育教师能够通过课程内容和目的学习,对学生进行更深刻的讲解,从而提高自己的科研和执教能力。

随着社会的不断发展和教育事业的不断壮大,许多新兴体育项目日益兴起。针对不同的学生,体育教师要把握他们共同的个性特点,并针对各自不同的特点进行教学。在当今社会的背景下,学校教育对体育教师提出了更高的要求和期待。这也就要求体育教师需要花更多的时间进行教学内容的研究和优化。只有这样,才能够加深学生对于体育运动的印象和理解,最终达到培养学生学以致用,并进行终身体育的良好习惯。只有让学生们学以致用,才能够更好地发挥体育在人才培养中的作用,这也是体育教学内容体育优化与完善的最终目标。

第三节　体育专业核心课程与特色课程设置

一、体育专业核心课程与特色课程概述

(一)专业核心课程

1.运动生理学

运动生理学是运动人体科学最基础的课程之一,主要内容是在体育活动的影响下,人体生理功能发展变化的规律,体育锻炼及运动训练的基本生理学原理,特别是青少年生理功能与年龄、性别特征及体育锻炼的关系。要求学生掌握体育锻炼与运动训练中人体生理机能变化的特点和规律。

2.体育保健学

体育保健学的主要内容是人体保健的基本规律和中国传统养生的基

本理论和方法,以及人体在运动过程中的保健规律和措施。要求学生掌握常见运动创伤的预防、处理的知识和技能;能指导从事符合生理规律的运动,以收到增强体质、增进健康的效果。

3.学校体育学与体育教法设计

本课程主要讲授体育和体育科学的概念;体育和政治、经济及其他社会现象的关系;体育在我国社会主义现代化建设中的地位、作用和意义;体育的基本手段和管理体制。让学生了解学校体育的地位和目标,体育教学、体育锻炼、课余训练的原理、原则、方法和学校体育研究的内容。

4.田径

本课程主要讲授短跑、跨栏(障碍跑)、跳高、跳远、标枪、铅球等的基本知识、基本技术、基本训练方法。要求学生掌握运用田径运动全面增强体质的锻炼手段、方法,具备组织、指导竞赛和管理等方面的能力。

5.体操

本课程讲授队列队形、基本体操、技巧、单杠、双杠、支撑跳跃等的基本理论知识,训练基本技术,掌握基本技能。通过对体操运动和技能的学习,提高学生的体育教学和训练能力,全面发展学生的身体素质。让学生掌握中等学校体育教师所必备的体操教学和组织小型比赛的能力。

6.篮球

本课程主要讲授篮球运动的运动规律及其基本理论知识、技能和方法;篮球运动发展的概况、技术、战术、训练、规则,科学研究的方法以及篮球的竞赛和裁判方法。通过学习,使学生具备中学篮球教学和组织课外锻炼、竞赛及场地、器材管理的能力。

(二)专业特色课程

1.裁判训练

运动竞赛的组织与裁判能力是体育专业学生专业能力及水平的重要体现,如何组织竞赛,胜任一名合格的裁判,不管是在学校体育工作中还是在社会体育工作中,都十分重要。结合校内外各项体育赛事,进行理论学习与实践的培训,要求学生至少掌握本人所选的两项专业选修课程项目竞赛规程制定、秩序册编排及裁判工作的方法和能力。

2.资格证书培训

资格证书培训是应用型人才培养的有效途径,内容包括二级裁判员培训、二级社会指导员培训。其目的是对体育教育专业学生进行素质拓展训练,让学生通过考试获得社会认可的专业资格证书,以适应社会对体育专业人才的要求,拓宽体育教育专业学生的就业渠道。

二、体育专业课程设置的思考焦点

(一)注重素质教育的整体育人效应

面向21世纪的我国学校和社会体育,正朝着娱乐、高雅、和谐、健康的方向发展,所以,人文教育进入体育专业课堂,对于提高学生未来就业素质十分重要。

(二)拓宽专业课程,加强基础教育

过去,体育专业课程设置十分讲究"对口",虽然对学生近期工作有利,但由于知识基础不宽,视野狭窄,缺乏后劲。加强一般基础教育课程,如计算机和外语等,这对于培养跨世纪的人才颇有价值。拓宽专业理论课程,如增加体育经营学、管理学等,这不但有利于培养体育师资,而且为贯彻国家"三个计划",为社会培养体育指导者,经营者和管理者服务。可见,增加基础教育课程,不但有助于为培养体育的高精尖人才打好基础,还有助于提高学生的社会就业能力。

(三)增加课程的科学成分

科学教育课程是运用已知探索未知,是培养未来具有创新人才的重要环节。科研方法、科技写作、体育信息等课程是体育专业培养"精品"的高层次教育环节。

高等体育专业不注重学术性,那么它将成为培养工匠的"作坊"。可

以肯定,新中国成立以来我国体育专业技术教学积累了许多成功的经验,如果它配合传授科技发展前沿成果和探索体育未知领域的教学,那么学生的学术水平和技术水平将会有大幅度的提高。体育专业没有高水平的科研成果,就不可能有一流的教练、一流的技术、一流的运动员。尤其是面对充满创造和协作的 21 世纪,体育专业若不加强科学教育,将难以培养出具有创造素质的人才。因此,加强科学与技术教育的结合,才能体现体育专业素质教育的师范性和学术性的统一。

(四)重视对学生体育能力的培养

体育专业技术教育课程有田径、体操和足球、篮球、排球、乒乓球、武术、游泳等。现在,我们明确提出要在精减重复技术教学内容的基础上,增加体育方法教学,形成运动技术和体育方法二合一的金字塔式教学。传统的技术教学,以技术为中心,由于学生条件所限,不但高超的技术未能掌握,而且作为体育师资所必需的教学技能、训练和锻炼的指导能力也没有得到相应的提高。因此,在运动技术教育基础上,增加体育教与学的方法、锻炼与保护的指导方法、训练与恢复等一系列体育方法教学。这对培养学生的教学、训练和社会体育锻炼的指导能力,培养高水平的体育师资尤为重要。但这一重要的教学内容,过去我们重视远远不够,这恰恰是目前我国体育专业技术教育课程由过去以技术为中心向现代以能力为中心转变的关键所在。

(五)提高择业的"实战"竞争力

就业教育课程是专门培训学生运用知识技能,解决未来工作所面临的问题,它是体育专业学校面向社会的"窗口",是培养具有组织能力和协作能力的跨世纪体育人才重要的教育措施。校外教育实习、校内教育实习、校外优秀教师讲座、讲课或观摩课等贯穿大学学习全过程,从而形成多层次、多课程的就业素质教育。这样,就可以扩大就业教育课程的时空,又可以提高学生在人群中组织,协调、开创新局面的公关协作能力。

第四节 体育教育专业教材改革与建设

一、体育教育专业教材改革与建设必须牢固树立目标意识

普通高校体育教育专业教材建设质量是实现人才培养目标的重要保证。目标意识即教材的改革、编写和选用要紧密围绕人才培养目标，符合课程教学大纲的要求。教育部颁发的新《课程方案》，明确了体育教育专业人才培养目标。培养新世纪具有创新意识和精神的"复合型体育教育人才"，不仅对教育、教学的各个方面提出了很高要求，同时也蕴含着对教材建设质量的高要求。教材改革与指导思想就是要不断适应社会发展的需求，不断提高教材质量，为人才培养服务。教材建设质量制约着人才培养的质量，因此教材不仅要具有很强的实用性，还要体现科学性、新颖性和系统性，具有很高的教育、教学价值。教材也是直接联结教师与学生的桥梁，作为含有各种信息和知识的载体，展现在教师与学生面前，为教师教学范围和深度提供基本依据，为学生学习提供基本内容和信息含量，使之更好地为培养目标服务。

二、体育教育专业教材改革与建设必须牢固树立更新意识和创新意识

更新意识即加快教材的更新换代，缩短教材的建设周期，不断充实教材的新内容，努力保持教学内容的基础性、先进性和前沿性。随着现代社会的快速发展，世界信息更新速度异常快速，淘汰程度日益加剧。21世纪是信息化时代，人类知识总量呈时间的指数函数增长着，新技术每隔10年就有30％～50％的过时或被淘汰。新世纪体育知识信息也会空前丰富，知识陈旧、老化的速度不断加快，迫使我们必须主动地更新教材内容，扩充教材新信息含量，才能为培养适应现代社会快速发展需要的复合

型体育教育人才创造条件和提供保证。

不断创建体育新学科教材,是培养新世纪复合型体育教育人才的重要举措。现代社会已进入科学知识高度分化与高度综合的时代,各种知识相互渗透、交叉和融合,不断地创建出适应现代社会发展需要的新兴学科。体育学科也是如此,在现代社会发展的大背景下,从自身快速发展过程中,创建出了一些体育新兴学科,如体育产业学、体育休闲学、体育经济学等,为体育教育专业培养"宽口径、厚基础"人才而服务。但是,新学科教材建设工作十分滞后,往往在开设这些新课程时,缺乏应有的教材是教学中遇到的主要难题,创编新学科教材已成为迫切需要解决的问题。广大教师和科研人员要主动积极地开采,进行有目标的探索与研究,逐步设计和形成创编新学科教材的思路、指导思想、框架体例、内容体系等,加强新学科知识的总结、归纳、梳理、重组和整合,不断充实、丰富新学科的理论与方法,创编出高质量的新学科教材。当前,尤其要重视创编适应社会体育和学校体育发展需要的新学科教材,为全面贯彻、实施新《课程方案》创造条件。

三、体育教育专业教材改革与建设必须强化多样化意识

积极建设体育教育专业多种教材是丰富教学内容、提高学生综合素质的一项有力措施,有利于学生更好地理解、掌握基本教材的内容,为学习中的解题、解惑、解难提供更简洁明了的回答,为提高教学质量创造条件。多样化教材不仅为教师备课提供选择,有利于丰富教学内容,拓宽学生的知识面,而且还可以提高学生学习的主动性和积极性,培养学生自主学习的习惯和相关研究能力,有利于促进学生对体育知识的摄取、消化、转化和实际应用,培养学生综合运用知识的能力以及创新思维和精神。教材改革与建设必须强化多样化意识,即形成文字教材、电子教材、辅助教材和参考资料相配套的教学用书和教学软件,并紧密衔接、兼容基本教材的重点、难点内容,以适应现代化教学的需要,使多样化教材在深化教学改革、提高教学质量、培养学生综合素质中发挥重要的作用。

四、把握体育教育专业教材改革发展趋向

把握体育教育专业教材改革发展的趋向，能够更好地明确教材改革与建设的思路。当前，体育教育专业教材改革发展趋向主要表现在以下三个方面。

(一)朝着多元化方向发展

体育教育专业的教材改革，首先表现在契合现代社会发展需要而朝着多元化方向发展，即教材由原来的基本教材(学生用书)建设逐渐发展为基本教材、参考教材(教师、学生)、试题(卷)库等相配套的建设；由原来的文字教材建设逐渐发展为文字教材、电子教材、网络课件等相配套的建设。注重字、像、声、图并茂，达到组合优化，进一步提高教材的全面功能以及可读性、可看性和参考性等，从而促进教材的全方位服务，充分发挥教材多元化的教育功能。

(二)朝着不断创建新学科教材方向发展

为了人才培养和组织教学的需要，为了及时介绍、推广多学科知识经渗透、交叉、融合而成的新知识以及新知识在体育教育领域中的运用，有关专家、学者勇于探索，大量开拓原始性创新，努力创建各种体育新学科和创编各种体育新学科的教材，供学生学习与参考，开阔新知识视野，这也是教材改革建设一个重要的发展方向。

21世纪信息发展非常之快，信息淘汰与更新的周期大大缩短，大量新信息的产生，积极地促进着人的思想观念、思维模式、知识结构、能力结构乃至精神与人格诸方面的变化，由此使人的综合素质与能力不断得到提高。同时，体育教育专业各学科知识的综合性大大得到了加强，并与其他学科知识相互渗透、交叉、融通，在实践中各种知识的碰撞，会产生许多新的体育现象，亟须运用体育理论知识加以解释与指导。社会发展是创新教育的推动力，而创编各种体育新学科的教材是不断促进创新教育开展的重要部分，是人才培养"面向现代化、面向世界、面向未来"的需要。

（三）朝着体育人文社会科学方向发展

分析新《课程方案》的培养目标,可以发现体育人文社会学科知识的教育占有重要位置,如学校体育管理和社会体育指导等,必须培养学生掌握一定的体育人文社会学科知识才能胜任今后的工作。鉴于此,大量的人文社会科学知识会不断被借鉴、移植、渗透和运用到体育教育中来,从而促进体育人文社会学科的建设与发展,并创建体育人文社会学类的新学科和创编相关的教材,为达成培养目标服务。人文社会学科的研究主要涉及"人—社会"方面,而体育学科的研究则主要与"体育—人—社会"有关,其知识底蕴容易相通,相互之间易渗透、交叉和融合,创建出各种体育人文社会学类新学科。因此,体育学科与人文社会学科之间不存在一条宽阔的"壕沟",仅仅是一个"门槛"而已,只要努力学习、深入研究就可以使其为体育所用。随着社会体育事业的快速发展,对社会体育指导工作的要求越来越高,只有掌握大量的科学理论知识才能更好地指导实践,促进社会体育事业蓬勃发展。因此,体育教育专业教材改革与建设会快速地朝体育人文社会科学方向发展,架起社会体育理论与实践的桥梁。

五、编写体育教育专业教材应遵循的基本原则

围绕新《课程方案》的培养目标,在编写体育教育专业教材时,确定并遵循相关的基本原则至关重要,遵循这些原则是提高教材建设质量的必要保证。

（一）实用性原则

编写教材首先要贯彻实用性原则,这是"教与用""学与用"、理论与实践紧密结合的具体体现。在选择与创编教材内容时,"实用性"要立足于契合现代社会快速发展的需要和适应基础教育改革以及《体育与健康课程》教学的需要。在现有不多的教学时数内,选择最具运用价值、最新研究且实用价值高的理论、方法、技术和技能等,使编写的教材具有很高的实用性,学生能学以致用,紧密联系实际,解决实际问题,提高实际工作

能力。

（二）科学性原则

遵循科学性原则，主要体现在所编写的教材要符合教学对象的实际，符合学生的知识水平、认知规律、身心发展规律等，使教材的教育作用能促进学生形成合理的知识结构，潜力得到开发与利用，综合能力和整体素质得到全面发展与提高。

（三）新颖性原则

编写教材要不断更新内容，突出新颖性原则。如果教材内容陈旧，落后于时代的发展，那么就会造成学生学得无用，教师教得无意义，得不偿失，事倍功半。编写教材不仅要选择最新的知识，还要对原有的知识加以改造、转化、组合等，形成新的理论体系和方法体系，使教师教有味道，学生学有兴趣。编写教材除注重内容新颖外，还要重视教材版式的创新，加强配套教材的建设，从而全面体现新颖性原则。

（四）系统性原则

考虑系统性是编写教材的重要原则。一本教材代表着一门课程较为完整的教学体系，尽管课程不能等同于学科，但在教材中应有其自身的基本概念、理论体系和方法体系等，虽自成体系，但却相互联系，紧密结合。只有充分考虑系统性原则，系统构建教材编写内容框架，才能使学生掌握一门课程的完整知识，而非零星散乱、缺乏内在紧密联系、难以运用理论指导实践的知识。在贯彻系统性原则的同时，一定要避免相关课程教材在内容上的重复。当前，相关教材内容重复的问题比较突出，应深入研讨与探索，加强相关课程知识内容的梳理、整合与归属，科学构建每门课程教材的知识体系，使之自成系统。

（五）精练性原则

教材是一门课程教学内容的综合体现，体育教育专业课程教学内容，来自课程相对应的学科的部分知识，但绝不是全部知识。随着学科的不断建设、壮大、成熟与发展，其知识体系会越来越丰富，而专业教学计划对课程教学时数控制得非常严格,要求在规定的学时数内完成课程教学任务。教材内容的选择也受到教学时数的制约,精选教材内容、体现精练性是编写教材应遵循的重要原则。根据培养目标和规格,依据教学任务与学时数,既要精选教材内容,把握学科内在的知识体系,把握现代社会发展的需要,把最具代表性的知识点、知识面和先进的方法、手段精选入教材,又要加强教材体例结构、文句等的精练性,才能编写出一本好的教材。

(六)发展性原则

编写教材应充分考虑发展性原则。体育教育专业学生培养要"面向现代化、面向世界、面向未来",教材改革与建设也要体现"三个面向"的精神。因此,教材建设要体现一定的前瞻性,契合现代社会发展的进程。同时,贯彻发展性原则还应从学科自身不断发展、前沿知识不断涌现、发挥教材对学生潜在发展性的促进作用等方面考虑,把握好教材改革与建设的思路。

第四章 高校体育教育教学模式的创新

第一节 高校体育教学模式

一、体育教学模式内涵

(一)体育教学模式的概念界定

1.教学模式

教学模式是按照一定原理设计的一种具有相应结构和功能的教学活动模型。教学模式综合考虑了从理论构想到应用技术的一整套策略和方法,是设计、组织和调控教学活动的方法论体系。教学模式是试图系统地探讨教育目的、教学策略、课程设计和教材以及社会和心理理论之间的相互影响,以设法考察一系列可以使教师行为模式化的各种可供选择的范型。

因此,要揭示教学模式的本质,需从其上位概念"模式"谈起。模式的概念涉及人的两方面行为,一是对事物稳定的认识,二是对事物稳定的操作,前者形成认识模式,后者则形成方法模式。所以,认识模式和方法模式才应当是教学模式的两层基本含义。由此可见,教学模式是教学形式与方法的统一体,其中,"过程的结构"是"骨骼","教学方法体系"是"肌肉组织"。

2.体育教学模式

体育教学模式是蕴含特定体育教学思想,在特定教学环境下实现其特定功能的有效教学活动的结构和框架。教学模式是对教学经验的概括和系统整理,教学实践是教学模式产生的基础。同时,教学模式被看作沟通理论与实践的桥梁,既能用来指导教学实践,又能为新的教学理论的诞生和发展提供支撑,其在二者中起中介的作用。根据对教学模式的认识,与其他学科教学相比,体育教学是一个比较复杂的教学过程。它与学习过程、游戏过程、训练过程等有着密切关系,因此,认知的规律、身体锻炼的规律、技能形成的规律、竞赛规律等都是体育教学过程中必须遵循的规律,体育教学模式必须反映这些方面的特点。

(二)体育教学模式的构成要素

1.教学思想

教学思想是形成教学模式的核心因素,也是其灵魂所在,体育教学模式构建时所应具备的理论和思想就是教学思想,也可以理解为教学模式是以教学思想为理论支撑的,不同的教学思想理论会构建不同的教学模式。

2.教学目标

体育教学模式存在的意义就是促进教学目标的完成。体育教学模式所能够达到的教学目标是体育教师对某项教学活动在学生身上产生的效果所做出的预测,教学模式是围绕教学目标存在的,同时,教学目标也会对教学模式的其他构成要素起到限制的作用。

3.操作程序

操作程序就是教学活动中的环节和流程。体育教学工作中,按照时间顺序逐次进行的逻辑步骤以及各个步骤的具体执行方法就是操作程序。不管采用何种教学模式,操作程序都具有独特性。此外,操作程序并不是固定存在、毫无变化的,但总体而言,它具有相对稳定性。

4.实现条件

实现条件是对操作程序的补充,它是教学模式中具体使用的方法和策略。实现条件主要有人力、物力、财力三方面的内容,也可以理解为教师与学校、教学内容与时空以及学校所具备的设施设备等。

5.评价方式

不同的教学模式适应不同的教学目标,并且在使用的程序和条件方面也是不尽相同的。所以,每一种教学模式都有与之相对应的评估准则和方法,并且相对应的评估准则和方法都是独立存在的。

二、体育教学模式的特点

(一)整体性

体育教学模式是一个整体性的系统构成,在体育教学模式系统中,教学思想、教学目标、操作程序、实现条件、评价共同构成一个完整整体。

对体育教学效果的影响是教学模式的整体效应,而非教学模式系统内部的具体系统要素的作用发挥,体育教学模式的各要素结构组织不同,教学模式的类型和教学作用也不同。

教学模式的应用所解决的主要问题是体育教学的整个教学任务需要完成的问题,对教学过程中的微小细节问题不能一一照顾到。在体育教学活动开展期间,对于体育教学模式的选择必然是从教学宏观角度出发的。

(二)简明性

体育教学模式为体育教学的开展提供了一个整体框架,使得体育教学设计能在框架基础上做到有的放矢。简单来说,教学模式是简化了的教学结构理论模型,它是从理论高度简明、系统地对凌乱纷繁的实际教学经验进行理论化概括,是简单、易理解的教学模型,对体育教学具有提纲挈领的指导作用。

(三)稳定性

体育教学模式是对体育教学实践过程的高度概括,这种概括性和教学过程描述的简明性决定了体育教学模式的稳定性。体育教学模式构建之后,其结构是稳定的,体育教学模式适用于一定的体育教学思想,适用于多种教学内容、教学对象。不同教学模式在教学操作程序、教学目标实现方面有所不同,可以很好地适应体育教学实践,能够结合具体的教学情况,解决不同的体育教学问题。体育教学模式自出现至今,常用的总是经典的几个体育教学模式,有多个教学模式历经几十年依然在使用,在以后相当长的一段时间内,该教学模式还会长期使用,这充分体现了体育教学模式的稳定性。

(四)针对性

体育教学模式的针对性主要表现在其选择依据方面,教学模式的选择必须是科学的,与体育教学目标和教学对象相符的。

一是针对不同的体育教学目标,有不同的体育教学模式。如旨在促进学生自主学习能力的发展,发展学生的探索意识和能力,多采取探究式教学模式。

二是针对不同的教学对象,体育教学模式不同。例如,情境教学模式,通过故事形式,开展体育教学活动,适用于理解能力较差、体育基础不够的学生;快乐体育教学模式适用于一些简单、趣味教学内容的展示,更适用于年龄小和刚接触体育教学的学生。

(五)操作性

教学模式具有操作性,任何一种体育教学模式都必须能在体育教学实践中应用。通过对体育教学模式的实施,能使体育教师非常清楚地知道在教学中应该先做什么,再做什么,最后做什么,并为体育教学模式的实施创造必要的教学环境与条件,使体育教学模式具有可操作性。

三、我国新型高校体育教学模式的建构

(一)新型体育教学模式的现代课程论基础

教学属于课程的一部分,所以,建立教学模式必须以一定的课程理论为基础。现代高校体育课程理论基础主要分为以下几点。

1.高校体育课程目标实现多元化

随着社会的发展,学生对体育的需求呈多元化态势。高校体育课程目标不仅把增强体质、提高健康体质作为首要目标,而且注重培养学生体育文化素养,同时强调学生个性和创造力的培养,并主张结合高校体育课程内容的特点,把道德教育和合作精神的培养融合在体育教学过程中。在时间上,通过高校体育课程,不但要完成学生在学校期间体育知识的传授和技能的培养任务,还要培养学生学习体育的能力、兴趣、习惯,为其终身参加体育活动打下基础。

2.课程内容注重学校体育主体需求

课程内容只有满足了学生需要,才能激发学生兴趣,形成稳定的心理状态,养成终身体育意识。一是要重视传授终身体育所需要的体育知识,主要包括体育基础知识、保健知识、身体锻炼与评价知识等。二是竞技运动项目的教材化。

3.现代高校体育课程论与新型体育教学模式

20 世纪 60 年代以来课程理论出现两次世界性的变革:一是学科中心课程论;二是人本主义课程观。我国高校体育课程的体质、技能、技术教育思想正是学科中心课程论在高校体育课程中的反映,至今仍影响着高校体育课程的改革。

(1)新型体育教学模式的目标取向。新型体育教学模式的目标不仅要求有运动技能目标,还有情绪、态度、能力、个性等目标。

(2)新型体育教学模式的价值取向。重视全体学生全面发展和个性培养相统一。体育教学在促进学生全面、健康、可持续发展方面有不可替代的作用。

(3)新型体育教学模式的教学设计思想。课程的问题中心设计模式是新型体育教学模式设计的模式基础。问题来源于学生的发展需要和教学内容的需要。在教学设计中,要让学生作为一个完整的个体参与到教学中,让学生在解决问题中学习掌握学科内容。

(二)新型体育教学模式的性质与设计

1.体育教学模式的基本属性

根据对各种先行研究的归纳,提出体育教学模式的几个基本属性:理论性、直观性和可评价性。

(1)理论性

理论性是指任何一个比较成熟的体育教学模式都必定反映了某种体育教学指导思想,都是一种体现了某个教学过程理论的教学程序。

(2)直观性

直观性也可称为可操作性,任何一个新型的体育教学模式的建立,都必须建立在体育教学实践中可操作的基础上,都必须直观地满足体育专业学生的学习需求和社会发展需求。

(3)可评价性

所谓可评价性是指任何一个相对成熟的教学模式的确定,必然有着与其整个过程相应的评价方法体系。因此任何一个教学模式都可以对实施这个教学模式的教师给予明确的教学评价,这不仅仅是对该教师对教学模式理解程度的评价,也是对教师参与、认识和学习能力进行系统评价。

2.新型体育教学模式的特征

新型体育教学模式应具备如下特征:在教学指导思想上,将社会需要的体育和高校学生需要的体育结合起来,以实现体育教学中满足社会需要与促进学生个性发展的和谐统一。在教学目标上,将围绕着21世纪国家对人才培养需求、高校学生身心特点等方面加强对学生能力的培养。教学程序中,逐步融入运动目的论的思想,让学生充分体验运动学习的乐趣;引导学生充分理解和参与学习过程;在教学方法上,以主体性教学观为视野,提供个别化和个性化的教学方法;在教学评价上,将以学生生动活泼的学习、个性充分的发展、兴趣习惯能力的养成、主要学习目标的达成等为基准。

(三)体育教学模式整体优化研究

1.体育教学模式整体优化的原理和原则

体育教学模式整体优化原理:按照系统科学理论的思想和观点,任何事物、过程都是一个由各个部分组成的合乎规律的有机整体,而且它的整体功能要大于各部分功能之和。

体育教学模式整体优化的原则包括以下两个方面。

(1)整体性原则

用整体的观点考察体育教学模式,有助于教师在教学实践中科学地把握体育教学模式的结构和活动环节。

(2)综合性原则

体育教学是一个复杂的系统,其涉及的因素非常多,如教学环境、教学内容、教学设施等。在进行体育教学模式整体优化时这些因素需要综合考虑,以确保优化的成效。

2.体育教学模式整体优化的内容

(1)根据不同教学思想优化体育教学模式

体育教学思想是制定体育教学模式的主导,不同的体育教学思想赋予了具体教学模式的生命力,使教学模式有了明确的方向,最终去完成它预期的目标。为使教学思想条理化、明确化,使之从整体上符合学校体育指导思想的大方向,根据教材内容的不同性质,把它分类为精细教学型内容、介绍型内容。因此,这类教材的教学模式应以情感体验类模式和体能训练类模式为主,让学生在无技术难度的条件下,一方面提高身体素质,加大运动负荷,可选择训练式教学模式、自练式教学模式等;另一方面通过快乐学习、成功学习,体验运动的乐趣,可选择快乐体育教学模式、成功体育教学模式等。

(2)根据单元教学不同阶段优化体育教学模式

在精细教学类内容中,大纲规定了各个项目的学时,以确保各个运动项目单元教学任务的完成,并使学生能熟练掌握几项运动技能。在单元练习的最后一个阶段,由于学生已经基本掌握所学的运动技能,应进一步重复练习和巩固,并注意动作的细节问题,因而在此阶段应以选择能力培养模式为主。

(3)根据不同的外部教学条件优化体育教学模式

体育教学的条件分为两类:第一类是固定的一些硬件,第二类是不固定的硬软件。

(4)根据学生基础优化体育教学模式

教师是教学活动的主导,学生是教学活动的主体,主导与主体因素构成了体育教学活动的主要因素,因而在选用教学模式时,要考虑到师生的具体情况、具体特点。

第二节　高校体育教学模式与应用

一、快乐体育教学模式

(一)快乐体育教学模式概述

1.快乐体育的定义

快乐体育教学模式指的是在以运动为基础的前提下,教学人员采用适宜的教学方法,一方面能够增强学生的体质,另一方面能使学生从体育学习中得到快乐。其指导思想是让学生在教学过程中,不仅能够学习运动技能、锻炼身体,还能够充分感受到快乐,进而培养学生终身进行体育锻炼的意识。

快乐体育教学一般会采用将游戏、比赛掺杂在教学工作中,采用初步体验—挑战学习—创造乐趣的模式进行,它没有固定的教学方式,经常会随着教学人员和学生的改变而有所不同,但其最终目的都是相同的,就是让学生快乐地进行体育锻炼,实现身心的全方位锻炼。国民身体素质对国家的发展至关重要,只有国民身体素质过关,才能投身于祖国的建设中,而快乐体育就是让国民快乐地、主动地进行体育锻炼,所以说快乐体育在我国社会主义建设中是不可缺少的。

2.快乐体育的起源

体育教育工作者经过不懈地理论研究与实践探索,已经建立了由以前的以教学人员为主体变成了现在的以学生为主体的体育教学模式。当前快乐体育教学模式已经在各地学校掀起了热潮,不仅反映了传统体育教学体制与方式的改革,也是我国对体育锻炼重新认识的反映。快乐体育出现的根本目的在于,在体育教学过程中通过激发学生的主观能动性,调动学生主动进行体育实践的积极性,使学生能够快乐地进行体育实践,并形成终身锻炼的思想。

(二)快乐体育教学模式的特点

快乐体育教学相对于传统的体育教学模式独具特色,它有一套完整的思想体系对体育教学工作进行指导。在开展情感教学的基础上,对学生进行人格教育、身体教育,关注运动给学生带来的乐趣,充分激发学生的积极性。

1.全面加强的素质教育

快乐体育教学方式会让学生在快乐的情绪中进行体育锻炼,体会到运动的乐趣。快乐体育教学模式能够帮助学生在体育锻炼中开发智力,形成一种体育能力。有助于全方面地培养学生的素质,如审美能力、道德品质、个性发展等。

2.主观能动性的培养

在快乐体育教学中,真正的主体是学生,学生还是体育教学工作服务的对象,所以应当充分尊重学生的主体地位。每个学生都有自己的思想,快乐体育教学会让学生在一种愉悦的气氛中学习,有助于学生主观能动性的发挥以及思维的开发。此外,快乐体育教学相对来说比较灵活,教学工作人员会根据每个学生的特点及长处因材施教,使每个学生在进行体育锻炼的时候达到自身的满足,在全面培养基本素质的前提下使学生的个性得到发展。

3.主动积极地学习

主动积极地学习就是要调动学生学习的积极性,这也是快乐体育教学的目标之一。主动与被动有着本质的区别,当学生主动接受某件事时,就会感到很愉悦。快乐体育教学就拥有这种魅力,它从根源上发掘快乐,由被动变主动,充分调动学生主动学习的积极性。快乐体育教学模式只是教学中的一项,由快乐体育教学可以推及至其他课程的教学工作,只有学生主动积极地学习,才会让受教育这一过程变得快乐。

4.相辅相成的教学

体育教学与其他学科的教学是相辅相成的。快乐体育教学有助于学生拥有健康的身心,有助于他们进行其他知识的学习。快乐体育教学主要以体育课堂为主,课间操以及课外其他体育活动为辅,当从体育活动中获得快乐之后,会更加高兴地接受其他课程的学习。

(三)快乐体育教学模式的优势

1.快乐体育是迈向终身体育的有效途径

快乐体育是指教师正确运用教学方法手段,在教学中营造一个和谐、平等、活跃的课堂氛围,缩短师生之间的距离,激发学生的学习热情、使他们能够积极、主动、快乐地参加体育教学活动,使他们能够产生成功、快乐的体验,以达到促进学生身心和谐发展的教学目的。因此,快乐体育的精髓就是寓教于乐。

快乐体育强调以学生的体育需要、情感需要和人格需要为出发点,强调学生的学习动机应该建立在自身的需要和对社会的责任感上,强调学生要用适宜的方法、顽强的意志和强烈的兴趣来调节自身的学习活动,强调把学习中的成功体验、锻炼中的乐趣作为追求的目标。这样才能真正地在教学中营造出和谐、愉悦、快乐的氛围,才能真正地使学生乐于学、喜欢学,才能真正地使学生自觉主动地提高体育能力、培养良好的思想品德和坚韧不拔的意志品质。有理由相信,随着学校体育各方面条件的逐步完善和体育工作者对"快乐体育"理性认识的加深,快乐体育必将成为学校体育教学的指导思想。

2.快乐体育教育思想方法培养了学生的终身体育观

快乐的体育课堂教学能让学生更好地掌握技术、技能。但快乐体育并不是一种教学方法,而是一种教育思想。快乐体育的指导思想,主张以全面育人为出发点和归宿,面向终身教育,从情感教学入手,强调乐学、好学、育体与育心相结合,使学生之间、师生之间在协调愉快的环境中,锻炼身体、磨炼意志、陶冶情操,使他们的身心得到全面和谐的发展。因此,在理论教学上,不仅要以体育科学、健身原理、身体锻炼的作用与方法去指导学生,更应从体育的实践出发,力求理论与实践的有效结合。如每次体育课前教师讲 1～2 个知识点,介绍增强力量的最好方法是隔日训练,以及每次选用重量及组数等。如果学生按教师介绍的方法练习后效果很好,这样就能引起他们的兴趣,形成经常锻炼的习惯。如果学生掌握了较为丰富的体育理论知识,不仅能提高体育锻炼的动机,而且能增强运动能力,从而增强体育锻炼的兴趣和信心,随着环境的变化和年龄的增长,他们很可能成为终身体育的受益者。

3.快乐体育顺应现代体育教学改革模式

从教育理论上看,快乐体育认为情感是知识向智力转化的动力,是联系教师和学生的桥梁,是人格发展的有机组成部分。体育是满足人类个体及社会的物质需要和精神需要的实践活动。因此体育教学必须在学生自主学习、自觉学习的基础上,真正让学生成为课堂的主人,教师要尊重每个学生,要公平地对待每个学生;在教学中要善于启发、引导学生,做到学生的主体与教师的主导密切结合。这种新型的教学关系顺应了时代的发展,为体育课教学带来新的理念。体育教学是实现学校体育目的的基本途径,基本组织形式是体育课,教师必须全面地贯彻新的教育观,把体育教育、健康教育、生活教育、保健知识教育等融为一体,让学生在读书阶段学到终身受益的体育项目和相关的理论知识。

"快乐体育"则强调在体育教学过程中,采用多种方法和灵活手段对学生进行启发和引导,使学生由被动接受转变到主动追求。教师可采用讨论或游戏竞赛的方式进行,让学生在充满欢乐和愉快的课堂气氛中把课的内容完成,在一定程度上既满足了学生运动的欲望,巩固了知识技能,又能改变知识由过去的"单项传递"为现在的"多项传递",从而实现"寓教于乐",变被动体育为主动体育,帮助学生逐步养成自学、自练、自查的习惯,养成终身进行体育锻炼的习惯。

4.快乐体育教学思想寓教于乐实现玩中有学

快乐体育的教学手段强调教法的灵活多样性和学法的实用有效性,将"玩"融入体育课堂。爱动好玩是学生的天性,大学生兴趣广泛,好奇好动,常常以直接兴趣为动力,这就要求体育教学应多从学生的兴趣特点出发,采取灵活多样的"玩"的形式,既可提高学生参与体育活动的兴趣,又能在娱乐中反复出现体育教学内容,实现体育教学目标,完成学习任务。将"玩"融入课堂,已成为提高体育教学质量的有效手段之一。求"新"、求"奇"是大学生的一大心理特征,教师应抓住这一特征,在体育教学手段上不断创新,让学生爱"玩",创设教学情境,让学生敢"玩"。在学生心目中教师的形象是高大的,他们对教师是尊敬喜爱的,因而教师应主动与学生建立深厚的感情,和学生多在一起活动,一起玩。

5.快乐体育的组织形式多样化的变革

快乐体育组织形式的多样化,能更好地促进学生个性和谐发展。当代的高校学生是具有个性的一代,是追求个性的一代,这是社会进步的表现,教师应充分利用体育教学这种有利形势,开发其个性,使其个性与正确的世界观、人生观、价值观相连接,最终成为创新型的人才。

在教学组织上,快乐体育遵循"严而不死""活而不乱"的原则,既有严密的课堂纪律,又不失生动活泼的教学氛围,并强调多向交流和教学环境的优化。随着学校体育场地器材的不断完善,教师应用丰富多变的组织形式来引导学生,使学生的个性融入体育运动中,既满足了学生的好奇心,又使其个性得到了和谐的发展,使学生在身体素质得到锻炼的同时,也培养了他们团结、求胜、坚强和拼搏的意志品质。快乐体育思想是时代精神的反映,是民主、和谐社会在教学中的体现,与我国经济、文化的发展密不可分,与教育改革及体育改革紧密联系。"快乐体育"代表了"以人为本"的进步性,尽管在实施过程中由于受到许多主、客观因素的制约仍有许多不足。相信随着国家经济的进一步发展、体育设施的逐步完善、人们认识的不断飞跃和广大师生的共同努力,我国教育和体育事业的明天必将更加美好。

(四)快乐体育教学模式的实施

"快乐"是一种愉快的情感体验,而乐趣则具有使人产生愉快情感体验的运动特性。所以"快乐体育"教学强调运动与生活关联,体现主动、快乐和个性发展的效果。

1. 强调快乐体育的重要性

想要真正地实施快乐体育教学模式,使其发挥作用要做到:首先,在学校里先对所有教师进行培训教育,让教师先意识到快乐体育的重要性;其次,学校的管理人员在课程设置上需要有所调整,由原来的每周一节体育课改成每周两节或更多的体育课;再次,对体育教学工作人员进行严格筛查,招聘专业的体育人员,对他们的各方面素质进行考核,使其在体育教学工作中发挥积极的引导作用;最后,举办运动会,将快乐体育思想融入其中,积极鼓励学生参加。

2. 强调快乐体育教学工作中的主体

快乐体育教学与传统教学最大的不同就是弱化了教学人员的地位,强化了学生在教学工作中的主体地位。只有受教育的对象能够从思想上、行动上接受某种教学模式,从中体会到获得知识的快乐,教学人员的工作才能事半功倍。并且,每个学生进行体育学习的基础、目标以及学习方式均是不同的,教学工作人员只有根据学生的实际情况和需求因材施教,鼓励并引导学生,才能取得良好的教学效果。

3. 建立和谐的师生关系

体育教学是一个复杂的活动,它要求在教学工作中,教师不仅要培养学生的身体素质,还要对学生的思想进行引导。快乐体育教学强调在教学工作中和谐的师生关系是关键。和谐师生关系的建立是快乐体育教学关键的一步。首先,体育教师应该用自己良好的思想品德、高超的运动技巧、诙谐有趣的教学风格影响学生;其次,在快乐体育教学中,教师还需与学生建立一种亦师亦友的关系,让学生在课堂教育中感到轻松,真正做到在快乐中学习;最后,在课堂实践中,体育教师应该参与到学生中间,形成有效的师生互动。

4.有组织地进行体育教学工作

快乐体育教学的主要目的是以运动为基础让学生逐渐认识运动、爱上运动、终身运动。这就要求体育教师进行合理的安排,首先,充分利用每堂体育课,结合学生关注的重点,加深学生对体育运动的认识;其次,通过在课堂上组织有趣味的体育游戏,激发学生对体育运动的兴趣,在游戏中进行体育锻炼;再次,在运动技能的学习过程中,要考虑学生的情绪,做好引导工作,多鼓励少批评,让他们感受运动的快乐;最后,还需根据不同学生的性格特点进行个性化教育,鼓励学生有自己的想法,激发他们学习体育的兴趣,有助于进行终身体育实践活动。

5.发掘学生的个性

传统的体育教学模式更关注运动对学生身体素质的改善情况,而快乐教学模式除此之外,还能够因材施教促进学生的个性发展,帮助学生挖掘某项运动的潜能。快乐体育的教学模式能够培养学生的独立创造能力,丰富其精神生活,促进全面发展。

二、合作学习体育教学模式

(一)合作学习教学模式概述

1.合作学习教学概念

合作教学的显著特点是从尊重学生的人格与个性出发,建立新型的师生关系,将学生在游戏中固有的自由选择和全身心投入的心态迁移至教学过程中,从而在师生真诚的合作中实现教学目的。

体育合作学习模式是在教学理论和实践中发展形成的、用以组织和实施具体教学过程的、相对系统稳定的一组策略或方法。教学模式是体现一定教学思想,并具有相对稳定的教学过程结构和教学方法体系的教学程序。合作学习是两个或者多个个体为了实现共同的教学目标而结合在一起,在小集体范围内进行思维碰撞、相互质疑、辩驳,从而取得共识、获得知识、发展思维、培养能力的一种学习模式。体育合作学习教学模式是指在教师的指导和学生的参与下,运用运动的手段,利用适宜的条件,创造一种较为复杂的运动环境,使学生通过个人的努力或与同伴进行合作学习,克服困难,完成任务,促进学生交流与协作意识双重发展的一种教学形式。

2.基本原理

(1)教学过程的发展性原理

每个学生都具有无限的潜力和可塑性,教学与教师又能最大程度地发挥学生的潜能。

(2)教育过程的人性化原理

合作教学提出教师要做到三个方面以保证人性化的贯彻与实施:第一,热爱学生;第二,使学生的生活环境合乎人性;第三,在学生身上重温自己的青春。

(3)教学过程的整体化原理

教学过程就是通过联系、组织、整合、可以实现知识的系统化、结构化,使知识真正转化为素养。

(4)教学过程的合作化原理

在现实社会中,常常会发生学生希望成长但也想玩,愿意学习但不想失去自由的现象,因此,教师就要做到与学生合作并从学生的立场出发组织教学。

3.方法

合作教学需要有一种能激发学生兴趣的师生关系和一套能鼓励学生自愿参加教学活动的方法。具体方法包括以下几个方面。

（1）教会学生思考

教学中，教师可以采用在学生面前一边出声地思考，一边解题，让学生耳闻目睹教师的思考和解题过程，或教师应该鼓励学生怀疑、反驳、论证此课题。

（2）"夺取"知识

教师不应将知识填入学生的头脑，而应当让学生与教师"夺取"知识，并在这种"搏斗"中体会成功的快乐。

（3）充分利用黑板

板书是师生双方交流的主要手段。

（4）说悄悄话

说悄悄话是课堂提问的一种特殊方法。学生答案的对与错，由教师给予奖励、安慰等评价，有利于保护学生的积极性与自尊心。

（5）由学生当教师

教师应当像演员一样，在教学中与学生一起做游戏，使学生感到自己从事的是自己愿意干的重要事情。

4.体育合作学习的心理分析

在体育合作学习中，每个学生既充当学习者，又担当教师角色，使每个学生在此过程中均有表现的机会，进而使个人成就感和表现欲得到了一定满足。这种良好的学习体验会形成一种良好的心理感应，进一步激发学生的学习兴趣和求知欲望，并由此强化小组间的凝聚力，形成小组学生间踊跃参与的合作行为。从学生的体育学习心理看，大多数学生喜欢在宽松、有序的环境下从事体育活动。体育教学应该尊重学生这一心理特征，并为学生自主学习创设宽松、自由的学习环境，以培养学生体育学习上的组织能力，从而实现由"要我学"到"我要学"的转变。

（二）合作体育教学模式运用与检验

1.教学原则

教学原则是保证教学效果的基本要求，运用自主—合作体育教学模式除了应遵循一般的体育教学原则外,还应把握以下原则。

(1)自主性原则

教师应尽量设法提高学生学习的自主性。

(2)情感性原则

自主—合作体育教学模式更应重视情感教学,教师富有人情味的教学可以促使学生更自觉地趋向学习目标。

(3)问题性原则

教学必须带着问题走近学生,问题设计要针对学生的实际,要科学地运用教育学、心理学的理论分析课堂教学的各组成因素。

2.运用合作体育教学模式应注意的问题

(1)教师要有足够的耐心和勇气

学生刚开始运用不懂得如何进行自主学习、合作学习,表现出茫然、不知所措,不适应这种教学模式,这是很正常的。教师的耐心就表现在教师要敢于"浪费"时间,以足够的耐心和勇气指导学生逐渐学会自主合作。

(2)关注学生已有的经验,重视问题情境的创设

学生的已有经验是影响自主合作学习的重要因素之一。一般来说,上课伊始应创设一些与学生已有经验相近的"问题"或"情境"走近学生,进行一些相对简单的身体活动、思维活动,再把"问题"不断深入,促使学生在练习中思考。

(3)精选和改造教材内容,激发学生学习的兴趣

如何精选和改造教材内容以激发学生学习兴趣,需要任课教师下大功夫去研究。

(4)学会做一个积极的观望者,适时适当地介入学生的活动

自主合作体育教学模式强调的是学生自主学习、合作学习。因此,教师如何做一个积极的"观望者",适时适当地介入和指导学生的活动,既不能过多地干扰学生的学习过程,又要能在学生需要指导和帮助时发挥作用,这是非常重要的。

3.合作体育教学模式的意义

首先,合作学习教学模式以尊重的教育理念为指导思想,符合现代教学理论的基本要求,其实验研究从时代特征和学生的特点出发,具有一定的现实意义。其次,合作学习教学模式有效地利用系统内部的互动,使教学资源得到开发和利用,增强了学生的参与意识。合作体育教学模式利用组内成员的互帮互学,可以使学生产生愉快的心理体验,从而养成终身锻炼身体的习惯。合作学习教学模式鼓励学生一起去达到目标,增加学生之间的交往,有效利用竞争与合作,培养学生的集体责任感和荣誉感。

三、俱乐部体育教学模式

(一)体育俱乐部教学模式的概念

体育俱乐部教学是由学生自主选择教师,同时根据教学条件开设相应的项目,系统学习该项目的原理与方法、组织与欣赏等方面的知识与能力培养的方法,从而达到真正掌握一至两项终身从事体育锻炼的运动项目的一种教学模式。体育俱乐部教学注重培养学生的体育兴趣,提高学生的体育能力,以教学俱乐部这种形式进行教学。这种方式的教学注重知识性和趣味性,理论和实际相结合,发挥学生的主观能动性和创造性,让学生积极参与,使学生在体育锻炼中体验到快乐感、成就感,达到培养学生参加体育锻炼的意识,提高学生运动能力的目的。学校体育俱乐部式教学模式是以培养学生终身体育意识、习惯和能力为主的教学方式,它能够把学校体育与社会体育实现有效地衔接,并最终使高校体育向终身化方向发展。

(二)体育俱乐部教学模式的内涵

体育俱乐部教学是一种符合现代课程理念的新型教学模式,在课程的设置上注重过程结构的稳定性和教学方法的合理性。高校体育课程的实施提倡以俱乐部的形式进行,学校应当为学生开设多种俱乐部课程,学生拥有较大的自由选择权,不受年级、系别和班级的限制,完全依照自己的需要和兴趣选择学习项目和授课教师,有的学校甚至不受学习进度的限制来保证学生的体育学习,但所有课程的教学和学习要遵循教和学的一般规律。在课余时间,各个俱乐部可以自行组织学习竞赛等活动,一方面是对体育课教学的补充,另一方面可以丰富学生的课余生活。体育俱乐部教学注重学生体育兴趣的培养和运动技能的学习,学生在学习过程中占据主体地位,可以充分地发挥自己的主观能动性,学生还可以积极参与教学过程并在教师的指导下更好地学习体育技能;同时这种教学模式注重理论与实际的结合,使学生在体育锻炼过程中学习到更多的生活常识,使学校教育与社会教育有机地结合起来;体育俱乐部教学更能够使学生在体育学习过程中体验到快乐和成就感,促进他们终身体育意识的形成。

高校采用体育俱乐部的教学模式进行教学,应先从自身的实际条件出发,设置适合自身师资力量、硬件设施、场地需求和满足学生需要的不同运动项目,然后由学生根据自己的兴趣和需求进行自主选择,系统地进行体育学习,进而有利于学生掌握一到两项受益终身的运动项目,养成良好的体育习惯。这种教学模式是学校体育与大众体育的结合点,在俱乐部学习过程中学生可以提高自身的沟通、自信、社交等许多能力。体育俱乐部教学模式的主要功能体现在五点:一是真正突出了学生的主体地位;二是培养了学生的体育兴趣和运动技能;三是避免了高校体育教学资源的浪费;四是提高了教师的专业水准;五是促进了高校体育竞技水平的提高。

(三)高校体育俱乐部教学模式的特点

1. 参与的自愿性

许多学生喜欢高校体育俱乐部教学模式,这种教学模式最大限度地尊重其个人发展的意愿和兴趣,在学习过程中的积极性可以得到充分地调动,教学手段和管理较为开放。同时在体育俱乐部教学过程中,学生还可以获得充分表现自我、施展才华的机会,在体育学习和活动中每位学生都存在维持小群体利益的思想,这样有利于在教学当中保持利益小群体的存在,增强学生学习的积极性和主动性。

2.目的的多样性

参与的目的多样性是体育俱乐部教学的另一大特征,有的学生喜爱俱乐部教学模式是为了满足自己的兴趣,而且能够进一步提高运动技能;有的是为了缓解日常学习的压力,舒缓身心;有的是为了提高自身的沟通交往能力,还有一部分学生把参加体育俱乐部教学这一学习过程作为提高自身社会适应能力的一个良好机会。总之,体育俱乐部教学模式为每一个学生都提供了锻炼和提升自己的平台。

3.内容的丰富性

各个高校的体育俱乐部教学都设置了诸多项目,例如,足球、篮球、排球、乒乓球、网球、羽毛球、民族传统项目、新兴体育项目等。有的高校甚至根据当地的自然地理环境设置了具有当地特色的项目,例如,攀岩、龙舟等。体育俱乐部是对传统体育教学的一种突破和创新,延伸和丰富了传统的体育教学内容,学生的学习热情和积极性得到了激发,因此也更有利于促进和提高学生的身心发展水平,促进了高校体育教学改革。

(四)高校体育俱乐部教学模式的优势

1.有助于调动教师的教学积极性,提高其教学水平

体育俱乐部教学模式突破了课时的限制,实行互动、开放的教学,并很好地引进了竞争机制,将学生置于主体地位,学生可以自主选择自己喜欢的体育运动项目和体育教师,使教师在教学中更轻松、授课更生动。如此一来,就会在无形中调动教师教学的积极性,提高其教学水平,达到预想的教学目的。

2.有助于实现体育教学的教学目标

体育是实施德育、智育、美育等的重要前提和基础。体育俱乐部正朝着"快乐化、生活化和终身化"的方向发展,尊重学生个性的同时向学生传授体育知识,提高他们的体育技能,这正是当前素质教育背景下体育教育所积极倡导的。体育俱乐部教学模式的应用更有利于实现高校体育教学

的健康、娱乐、生活、竞技等全方位的体育教学目标和教学理念。

3. 有助于提高学生的运动技能水平,帮助学生确立健康体育的思想

体育俱乐部教学模式在教给学生体育知识的同时还教给了学生体育运动技能,培养了学生健康运动、终身体育的思想。体育俱乐部是以学生为主体的群体性活动,他们有着共同的爱好和兴趣,通过举办各种体育竞赛和趣味活动,让学生在交流中提高运动技能,拓宽知识面,建立健康体育、终身体育的思想。

4. 有利于校园文化的建设

体育俱乐部是一种新型的校园体育文化活动,满足素质教育的要求,也符合当前高校的实际要求,逐步被高校师生所认同,同时也成为高校校园文化的热点。体育俱乐部的建立无疑给校园文化添上了浓墨重彩的一笔,它将许多兴趣爱好相同的学生融合在一起,集娱乐、健身、竞赛于一体,让高校的体育活动呈现出一派生机勃勃的景象。

5. 激发学生对体育的兴趣,促进其个性发展

体育俱乐部教学模式给学生留下了根据自己的兴趣自由选择体育项目、自由选择体育教师的空间,这在很大程度上激发了学生对体育的兴趣,而且体育俱乐部教学模式也充分体现了素质教育促进学生个性发展的目标的优势,在教学中将选择权交给了学生,让学生择其所好、学其所能、展其所长,使学生的品格、智力、需要和自我价值等个性得到充分发展。

第三节　高校体育教学模式的发展

一、应用型体育人才培养模式创新实践

(一)应用型体育人才培养的模式

应用型人才培养的主要目标着眼于服务、生产、管理、建设等方面,重

视能力、素质、知识的全面发展。应用型人才培养的教育活动与课程设置都是围绕"培养应用型人才"的目标展开的。体育教学作为高校教育教学的重要组成部分,对大学生的身心发展具有重要作用。相较于其他学科,它具有鲜明的实践性和应用性。同时,当前社会经济发展需要大量应用型人才,因此,高校应当结合体育教学的优势特点和社会发展需求,革新体育教学模式,开展丰富多彩的体育教学活动,打破传统体育教学的框架,以学生的个性需求为出发点,切实做到因材施教,充分挖掘学生的体育潜能。此外,还应当根据就业导向及时调整体育教学计划,制定应用型人才培养目标,提升体育专业学生的社会适应能力和就业竞争力。

(二)高校体育应用型人才培养的教学实践策略

1.提升教师队伍素质

教师是应用型体育人才培养的重要因素,教师队伍素质的高低对应用型体育人才的培养具有直接影响。因此,若要提高应用型体育人才质量,就必须重视师资力量。应用型人才培养目标要求体育教师广泛调查和了解体育专业学生的学习兴趣、专业基础、实际需求等,并在实际教学中有机融入社会、心理、能力、人文等诸多领域知识,提高体育专业学生的综合能力。此外,应用型人才培养还要求高校体育教师要不断学习,丰富自身的知识储备,扩大自身文化视野,提高自己的组织、管理和设计能力,提升自身的综合素养。同时,高校体育教师还应当与其他学科教师以及教学管理者沟通,了解学生的实际情况,进而寻找合适的教学切入点。此外,高校体育教师还应当与其他高校的体育教师联系,及时了解最新的体育教学信息,以及社会人才需求,进而制订具有针对性的应用型人才培养计划,增强体育教学的计划性和系统性。

2.完善教学评价体系

若要提高高校体育教学效率,就必须建立切实可行的教学评价制度,对体育专业学生的专业实践和学习成绩进行科学评价。高校可以记录体育专业学生在各个阶段的专业学习和实践成绩,并对其进行综合分析,在研究与思考的基础上,及时调整体育教学计划,并适时将分析结果反馈给学生,促使学生在之后的体育学习中进行自我修正和完善。高校教师要及时向学生公布每个阶段和环节的量化分值,使学生明确自身的阶段性任务,并有计划地开展体育学习和锻炼。体育教学评价要求教师将过程性与结果性、理论性与实践性有机结合在一起,增强评价体系的科学性和公平性。

3.采用多样化教学方式

在培养应用型体育人才的过程中,教师应当充分尊重学生的主体地位,全面考虑学生的兴趣、能力、基础和性格特点,从学生的实际情况出发,并结合社会人才需求,制定多样化的教学方式。例如,可以举办体育文化节,以图片展、知识竞赛等形式,帮助学生了解相关的体育心理、知识和技能;在专业之间、学校之间举办体育竞赛,一方面可以激发学生的参与热情,另一方面也能够增强学生的实战能力;可以结合社会实际举办针对体育专业的招聘会,帮助体育专业学生了解当前社会对体育人才的各种要求,以便他们进行针对性学习和锻炼。

4.丰富实践教学内容

高校应当丰富体育教学的实践形式和内容,促使体育专业学生主动参与到实践活动中,并在实践中检验和巩固习得知识,将基础理论知识转化为实际操作能力,促使自己逐渐成长为符合当今社会要求的应用型人才。高校不仅要积极开展校内体育实践教学,还应当及时与校外相关企业和单位联系,加强校企合作,为学生提供更多的实习机会和平台。丰富多样的实践形式一方面能够提高学生的参与兴趣,另一方面也能够多角度提升学生素质。

二、创新型体育人才培养模式的实践途径

(一)高校体育专业教学模式改革是培养创新型体育人才的有效途径

1.采用操作式教学培养了学生的实践能力

现实社会需要的人才是能干事、会干事尤其是能创造性地干好事的人才。因此,高等教育要面向社会,面向实践,更新教学理念,改进教学方法,培养创新人才。首先,课程设置要适应实践的要求。应当根据形势的

变化、实践的发展、社会的需求设计课程,使学生所学为实践所需,学以致用。其次,教材编写要紧扣实践。作为大学教材,既需要有一定的理论深度,又需要紧密联系实际,要有更多有利于培养学生创新能力的内容、实例、方法和经验,使学生通过学习,掌握操作的理论与方法、过程与环节,既知其然,又知其所以然。最后,教师课堂讲解和示范要多方式、多手段、多角度。立足长远,着眼当前,把书本的内容具体、生动、形象地讲清楚,既注重能力培养又注意实际操作,既注重课堂演讲又注重实际示范,既注重理论阐述又注重具体实践。

2.采用开放式教学培养学生的创新能力

在高校体育专业教学过程中,应建立民主、平等、和谐的师生关系,使学生大胆交流,敢于创新。教师是课堂气氛的调节者,在课堂教学中,教师应以平等的态度热爱、信任、尊重学生,满足学生的发表欲、表现欲,鼓励学生大胆创新。在体育学习过程中,提倡自主学习、自主活动的时间和空间,使学生有机会创新。学生在学习过程中,有足够的思考时间,有广阔的思维空间,不时迸发出创新的火花。教师在评价时,实施开放性评价,要树立发展性的评价观,多给予鼓励,激发学生内在的潜力,切实让学生体验到成功的快乐,通过激励使学生产生积极的情绪体验,保护其创新的热情。

3.采用激发式教学培养学生的探索能力

一是用目标激发。在科技竞争日益激烈的今天,高校培养的学生,必须具有很强的探索创新能力。因此,高校体育专业要为学生确立一定的发展目标,按照设计目标的要求,制定具体的措施和办法,多方式、多渠道地加强对学生探索能力的培养。二是用形势激发。因此,学校要充分利用这种形势,教育学生充分认识压力和挑战,不畏艰难,勇往直前,刻苦学习,大胆探索。三是用需求激发。一个国家要在激烈的国际竞争中占有一席之地,就必须拥有大批敢于探索的拔尖创新人才,在各个领域不断的探索,只有这样才能促进国家经济的发展和综合国力的提升。因此,高等学校体育院系要教育学生树立强烈的使命感和责任感,树雄心立壮志,为了国家的发展而大胆的探索,为民族的振兴而大胆的创新。

(二)高校体育专业创新型人才培养的保障措施

1.加强高校体育师资队伍建设

加强高校体育师资队伍建设是我国高等教育整体发展战略中的重要组成部分,只有教师具备高素质,才有能力推动创新教育,只有具备创新意识和创新精神的教师,才能适应21世纪的挑战,才能在教学中更好地对学生进行启发式、探究式的教育,培养学生的创新能力。因此,教师自身素质与教学观念决定着教育的质量和教育水平。为了适应知识经济的发展要求,高校体育院系亟需打造一支知识结构合理、学术水平高、适应能力强和乐于奉献的师资队伍。

2.强化学生创新精神的培养和创新人格的塑造

创新精神是创新活动的前提。要想强化创新精神,首先,必须强化创新动力观的教育,要让学生认识到创新既是民族生存的手段,又是学生个体发展方式的导向。其次,强化创新主体观教育,坚持知难而进、敢于创新的精神。再次,强化创新价值观教育,坚持正确处理个体价值、群体价值、国家价值的辩证关系,培养学生有效创新的意识。最后,强化创新协同观教育,培养学生合作创新的意识。创新人格是创新人才的情感、意志、理想和信仰等综合内化而形成的一种进取力量。这种进取力量通过自身的主观能动性的发挥,变为富有成效的创新实践活动。因此,在创新人格的培养和塑造过程中,要引导学生在自觉中培养自信,敢于迎接挑战的勇气,坚强的意志和能经受挫折、失败的良好心态。

3.营造创新型体育人才成长的环境和氛围

创造性来自个人智慧和潜能的自由发挥。因此,要努力建立起一种有利于激发高校体育教育专业学生创造动机,发挥他们创造性才智和潜能的民主、宽松、自由的学习环境;鼓励和倡导学生积极参与各种学术活动和体育教育改革;加强体育教育实践环节,除抓好实验课教学、毕业实习和毕业论文的设计和研究外,还应倡导开放办学,创造条件鼓励学生走出校门,参与社会体育实践活动,使学生在这些活动中将理论知识与实践结合起来,增强他们的感性认识和对体育实践的敏感性,为将来创造性地开展工作打下基础;同时,要开展创造教育知识的讲座和竞赛,使学生了解和掌握创新的思维和方法,注意培养学生的创新精神和良好的创造品质;大力宣传、表彰具有创造精神的学生,奖励具有创造性的学习和科研成果。

4.将创新意识和创造能力作为学生考核的重要内容

课程考试、教育实习和毕业论文是高校体育专业学生学业考核的三大组成部分。在课程考试中,要改革以往考核的方式方法,加强考题设计的灵活性,重视对学生比较、分析、综合能力及创造性思维的培养;在教育实习过程中,对学生在教学思路、教学设计、教学方法和教学组织等方面所表现出来的创新思想和创造行为给予充分的肯定和积极的评价;在毕业论文的选题和研究过程中,强调求新、求异、求实的思维方式,提倡勇于开拓和探索的作风。

三、"五重型阶梯式"人才培养模式的体系构建

(一)"五重型阶梯式"人才培养模式教学资源体系的构建

1.更新人才培养方案,建设特色专业培养方案

这就要求学校要使核心主干课程更加明晰,"多能一专"特征明显,师范性更加突出。新的培养方案一是突出了"多能一专"中的"专"的技能培养,新生一入学就开始进行专修;二是师范性的特征更为明显,增设了教师教育必修课程和选修课程模块;三是注重学生实践能力的培养,教育实习由以前的8周改为16周,大大提高了学生的教学技能;四是实验教学改革特色明显。运用教育学、心理学以及体育教学与训练的基本理论,熟练掌握体育教学的基本方法与手段,培养学生具有良好的教师职业素养和从事体育教学、教学研究的基本能力。使学生了解学校体育改革与发展的动态以及体育科研的发展趋势,掌握基本的科研方法,具有一定的自学能力和体育科研能力。要求学生掌握一门外语,能阅读本专业的外文书刊;掌握计算机的基础知识、应用知识和现代教学手段。主要课程设有田径、体操类、球类、武术、运动解剖学、运动生理学、体育保健学、学校体育学、学校教育学、心理学、德育与班级管理、高校体育课程与教学论、"三字一话"、教育见习、教育实习等。

2. 依托实验教学平台,构建"立体交叉式"的实验教学改革体系

依托"双基合格实验室"的评估,通过"运动人体科学实验室"的建设等,遵循"自主学习、自我训练、自主设计、自主实施与自主评价"的自主创新原则。树立先进的教育理念,坚持"以人为本",确定以实验项目为载体,强化专业特色,重视过程培养、综合训练与自主创新的改革思路与目标。以实验项目为牵引,强化课程,重视过程、综合训练与自主创新,通过集约式整合,多门实验课程进行整合重组,构建"立体交叉式"的实验教学改革体系框架,实现"实验教学、创新教育与实践教育"三个平台及各个环节的相互交融。重视实践教学环节,逐步完善实验课程建设。

3. 依托教育教学实践基地,完善分阶段多形式的教育实践体系

根据体育教育专业学生成长规律,对学生的培养涵盖专业思想教育,从理想教育、教学观摩、模拟实习、教育见习、技能训练、综合实践、教育实习和教育研习在内的实践教学内容体系,使学生通过系列实践,在大学四年期间每年均有不同的收获。逐步完成"循序渐进、逐步养成、四年阶梯式"的教育实践组织体系,同时建立稳定的教育实习基地,并强化教育实习与专业实践的管理。

4. 依托课外实践教学活动,完善全方位立体化素质养成体系

学生的自选实践活动包括专业社团活动与社会实践(例如,健身、休闲等机构的体育指导员、教练员)和实验室见习等,建立大学生创新研究会、青年志愿者协会、健美操健身俱乐部、街舞协会、体育舞蹈协会等学生社团。同时,组织学生到多个地方开展暑期实践活动,使学生逐步提高在实践中发现问题、解决问题的能力,逐渐完善和提高自身的综合素养。

(二)"五重型阶梯式"人才培养模式教学保障体系的完善

1. 实施教师能力提升计划,促进教师教学水平

为了加强引领示范,造就一支过硬的教学队伍,坚持以人为本的方针,采取有效措施,鼓励和吸引高水平的教师进入教学队伍,努力优化教

学队伍的年龄、知识、学历、职称结构,形成结构层次合理的高素质教学团队。支持年轻教师报考博士研究生,加大对教学人员的培训力度,鼓励继续培训和教育,切实提高教学人员的综合素质和教学能力。同时,在政策和待遇上给予倾斜,造就一支高质量、高水平、结构合理、相对稳定的教学队伍。

2.教学管理制度改革,教学管理队伍专职化

实施网上选课、挂牌上课制度,实现一人多课、一课多人、考教分离,教、学双方互评互查。教学管理部门每天进行教学检查,每月开展比课、查课、示范课、研究课活动,每年进行教学比武。教学大纲、人才培养方案、考试大纲、教案定期检查评比。规范学生本科毕业论文开题与写作,强化教育实习与专业实践管理。综合性、设计性和研究创新性实验的比例达到100%,实验室全部对学生开放。

3.加强教材教学资源开发,建设优质资源

紧跟学科发展前沿,改革教材内容。通过更新、增设专题等方式,将学科前沿知识融入教材与教学过程,重视培养体育教育师范生的学术性和专业化。学科专业带头人和骨干教师大多参与了国家和省部级教材的开发建设,经费资助立项编写与体育专业特色建设配套的教材。

4.加强精品课程资源建设,推进网络课程开放共享

完善体育教育专业课程体系,夯实师范专业基础。按照专业、专项的结构,完善师范生应具备的基础课程、专业主干课程和模块方向课程,申请省级和校级精品课程。建设网络课程,其中涉及理论学科和技术学科。此外,成立了网络办公室,并购置了近百万的摄像、视频处理等器材,建成了一流的网络共享平台,能及时使各种信息资源达到共享。

第五章 高校体育教学方法的设计与革新

第一节 体育教学方法的研究

一、体育教学常见方法分析

(一)语言教学法

语言教学法即在教学活动中,教师通过对学生进行语言指导,从而达到相应的教学效果的方法。作为一名教师,能够正确、简明、形象地使用语言,对于自身教学工作的完成和促进学生的学习具有重要的意义。正确地使用语言,不但能够使学生更好地理解相应的学习目标和任务,还能够促进其对相应的知识和技能的快速掌握。

因此,在体育教学过程中,教师应注重语言教学法的运用,注重语言教学的技巧。一般学校体育教学中语言教学法的形式有以下几种:讲解法、口头汇报法、口头评价法和口令、指示法。

1.讲解法

讲解法即为教师将相应的动作要领、方法和规则要求等方面的知识向学生进行说明,其目的在于更好地指导学生进行相应的运动技能的学习并全面掌握它。讲解法是较为常用的教学方法,教师在运用时,应注重以下几方面的问题。

第一,教师要明确讲解的目的,根据教学的目标、教学内容和学生特点进行讲解。教师在讲解过程中,应对自身的语速、语气进行调节,并抓住教学内容的重点和难点,只有具有一定的目的性和针对性,才能够使学生明白哪些是重点和应该着重理解的方面。

第二,教师在进行讲解时,应注重其内容的正确性,不管是具体的工作原理还是相关的基本知识,都应做到准确无误。另外,还应注重讲解的方式要与学生的学习情况和学习能力相适应,使学生能够很好地接受相应的知识。

第三,为了更好地使学生理解相应的技术动作,教师讲解时要做到生动形象、简明扼要。具体而言,在讲解过程中,应注重将新的技术动作和知识内容与学生已经了解和熟悉的内容联系起来,使学生更好地理解相应的动作技术。另外,由于教学时间有限,学生的注意力集中程度也会随着学习时间的延长而有所下降,因此,应抓住重点,简明扼要地进行讲解。

第四,教师在内容讲解过程中,不能将一些知识体系和动作技术孤立起来,要注重启发学生的发散性思维和创造性思维,使学生能够触类旁通、举一反三,更好地理解相关的知识,达到学以致用的目的。

第五,教师在进行讲解时,还应注重讲解的时机和效果。在讲解相应的内容时,首先应选择合适的站立位置,确保每个学生都能够听到所讲的内容。另外,给学生进行讲解时,应充分调动学生的好奇心和积极性,如此才能取得更好的效果。

2.口头汇报法

口头汇报法是教师了解教学效果的重要方法之一,这种方法要求学生根据教学需要,向教师表述学习心得和有关教学内容、方式和疑难问题等相关方面的问题。通过学生的口头汇报,能够使教师明确自身在教学过程中的不足,为教师提高和发展自身的教学水平提供了相应的依据。对于学生而言,通过这种方式不仅能够培养自身的语言表达能力,还能够促进其积极地思考,加深其对于教学内容的理解。因此,在教学过程中安排相应的口头汇报不仅有助于教师和学生素质的提高,对于教学质量的提升也有重要的促进作用。

3.口头评价法

口头评价也是一种重要的语言方法,对于学生的动作完成情况以及课堂表现给予相应的口头评价,能够更好地促进学生的学习。口头评价可分为两种,一种为积极的评价,另一种则是消极的评价。积极的评价即为对学生的正面鼓励,这能够在一定程度上激发学生的积极性,促进教学活动更好地开展;消极评价则是否定性的评价,这种评价往往会带有指责的意味,因此应避免使用这种评价,而应学会用客观的态度指出学生的不足,帮其分析提高的方法和努力的方向。

4.口令、指示法

在体育教学过程中,教师需要借助多种口令和指示完成教学工作,如"立正""跑""转体"等。这些语言简短有力,能够很好地指导学生进行相应的技术动作的学练。但是,需要注意的是,运用这些口令和指示时,应注意把握其时机和节奏,否则会造成学生动作的不协调。另外,还应注重发音的洪亮有力,不仅要使学生能够清楚地听到,还应给学生以势在必行之感。

(二)直观教学法

直观教学法是体育教学中较为常用的一种教学方法。通过直观的方式作用于人体的感觉器官,引起相应的感知,从而实现体育教学目的。一般常用的直观教学法有动作示范、条件诱导、多媒体技术、教具和模型的演示等形式。在实践过程中,人们认识事物时都是首先从感觉器官的感知开始的,因此,直观教学法能够使得学生更易于理解相应的教学内容。

1.动作示范法

动作示范法指的是教师采取一些示范动作使学生对技术动作的形象、结构和要领进行掌握的基本方法。一般在进行动作示范时,教师可亲自进行示范,也可指定相应的学生进行动作示范。教师在采用动作示范法时,应注重以下几方面的问题。

第一,教师在进行动作示范时,应具有一定的目的性。如果是为了使学生了解动作的基本形象,示范动作可稍快;如果动作示范是为了使学生了解相应的动作结构,并引导学生进行学习,则动作应稍慢,可略夸张;如果是示范相应的重点和难点动作,可多示范几次。

第二,教师在示范动作时一定要注重其正确性,避免对学生形成误导。在进行相应的讲解时,不仅要注重内容的正确性,还要体现出教学内容的特点,并与学生的学习能力相适应,提高学生的学习兴趣。

第三,教师在进行动作示范时,应使得全体学生都能够看到。因此,可使学生呈圆圈形站立,或是错位站立。

第四,教师在进行动作示范时,一般会配合相应的讲解方法,使学生能够更好地理解,因此教师可采用先示范后讲解、边示范边讲解和先讲解后示范等方式。

2.条件诱导法

条件诱导法也是较为常用的一种教学方法,以某种条件为诱因,并与相应的动作建立联系,从而达到相应的教学目的。例如,通过相应的音乐伴奏和喊节拍的方式,形成一定的动作节奏感;通过简单的语言提示使学生的动作能够流畅进行。另外,也可设置相应的视觉标志,指示学生进行相应的动作方向和运动轨迹、幅度等方面的操作。

3.多媒体技术教学法

多媒体技术主要包括电影、幻灯片、录像等。在运用电影和电视、录像时,应注意播放内容要与体育教学目标相适应,并有机结合电影和电视、录像与讲解示范练习。多媒体技术教学法虽然在教学过程中得到了普遍的运用,但是在体育教学过程中,其应用并不广泛。这与体育教学在户外授课、器材运用不方便有很大的关系。

4.直观教具与模型演示法

在体育教学过程中,对于一些高难度的动作可采用图表、照片和模型等直观方法进行辅助教学。教师通过运用这些教学工具能够使学生更加易于理解相应的技术结构和动作形象。另外,对于一些战术配合,也常采用模型演示的方式进行讲解。

(三)完整教学法与分解教学法

1.完整教学法

完整教学法指的是从动作开始到结束,教师完整地进行教学和指导学生进行练习的方法。一般当技术动作的难度不是很高,或技术动作不可进行分解时,会采用完整教学法进行教学。另外,在首次进行动作示范时,也会采用完整教学法来进行动作技术形象的示范。完整教学法的优点在于动作协调优美、结构简单、方向路线变化较小,各部门之间具有密切的联系。缺点在于对一些复杂的动作而言,采用这种教学法会为教学带来一定的困难。因此,为了便于学生进行学习,促进教学活动更好地开展,应注重以下几方面的问题。

第一,在讲授一些简单和易于掌握的动作技术时,教师可以先进行完整的动作示范,示范之后,学生直接完成完整的动作练习。

第二,有些技术动作无法分解,教师这时需要采用完整教学法。需要注意的是,在采用这种方法时,要对其中的各项要素进行必要的分析,如动作的力度、动作转变的时机等。但是,不能拘泥于动作的细节,要从整体上进行把握,确保动作的完整性和流畅性。

第三,对于一些高难度动作,可先降低难度或是徒手完成相应的动作,在此基础上逐渐增加难度。需要注意的是,降低难度时,不能使技术动作出现错误,这是基本要求。在教学过程中,对于一些器材的重量以及高度、距离等标准可适当降低。

第四,教师采用完整法进行教学时,可适当改变外部的环境条件,在外力条件的帮助下完成相应的完整动作。

2.分解教学法

分解教学法即将完整的动作划分为几个部分,逐步使学生掌握完整的动作技术。这种方法适用于难度相对较高,并且动作可分解的运动项目。采用这种教学方法时,能够将复杂的动作分解为简单的动作,从而使技术难度降低,更加有利于学生学习和掌握。但是,这种方法也有其相应的缺点,即它只注重对于局部动作的分解把握,可能在一定程度上使学生对于整体的理解不全面。因此,分解教学法和完整教学法通常结合使用。

教师在运用分解法进行教学时,应注意以下几方面的问题。

第一,应仔细分析动作技术的特点,采用合理的方式对其进行分解,注重时间、空间等方面的有序性和统一性。

第二,将完整的技术动作分为多个环节时,应注重各个环节之间的联系,注重动作结构之间的联系性。

第三,在熟练掌握各阶段的动作之后,要注重各个环节之间的动作衔接,要保证其过渡的流畅性,形成有机的整体。

(四)预防与纠错教学法

为了防止和纠正学生在练习过程中出现和可能出现的错误动作,教师在教学过程中经常采用预防与纠错教学法。

在教学过程中,学生对于各种动作技术的掌握不标准和出错的状况是不可避免的,教师应正确对待,并注意进行有意识的引导和纠正。

预防和纠错是相互联系的。预防具有一定的超前性,要求对于可能的错误动作进行积极的引导,并要对其出错的原因进行分析;纠错具有鲜明的针对性,针对学生的错误动作采取相应的纠正措施,并分析出错的原因。预防与纠错的具体方法有以下几种。

1. 语言表述法

语言表述法是指为了使学生建立起正确的动作概念,应注重动作细节与要点描述的准确性,使学生能够明确理解各技术动作的标准和结构顺序。通过这种方式,能够使学生建立正确的动作意识。

2. 诱导练习法

诱导练习法是指为了使学生的动作准确无误,可采用诱导性的教学方法,使学生达到相应的教学要求。例如,学生在做肩肘倒立时,不能将腰腹部挺直,针对这种情况,可采用在垫子上方悬一吊球,让学生用脚尖触球的方法,这样学生就可以挺直腰腹部了。

3.限制练习法

限制练习法是指在进行相应的动作练习时,设置一定的限制条件,有助于错误动作的纠正。例如,在进行篮球投篮练习时,为了使学生的投篮动作更加协调、标准,可练习罚球线左右的投篮练习,使学生掌握正确的投篮方式。

4.自我暗示法

自我暗示法是一种重要的方法。学生在进行相应的动作练习时,为了保证动作的准确性,在练习中有意识地暗示自己达到要求的方法。例如,在进行篮球的投篮练习时,学生可暗示自己投篮时手指、手腕的动作要标准,使自身的投篮动作准确无误;再如,在奔跑练习中要暗示自己注意后腿充分蹬地。

(五)游戏与竞赛教学法

1.游戏教学法

游戏教学法也是体育教学过程中较为常用的一种方法,它是指教师组织学生通过做游戏的方式来完成相应的教学任务的方法。通过开展相应的游戏,使得学生之间开展竞争和合作,提升学生的思考和判断能力,促进教学质量的提升。游戏教学法具有一定的趣味性,能够提高学生参与的积极性,培养学生的学习兴趣,因此在体育教学中常被广泛运用。

在运用游戏教学法时,应注重以下几方面的问题。

第一,应根据教学目标和教学内容采取合适的游戏规则和游戏要求,确保游戏内容与教学内容相契合。

第二,采用游戏教学法时,学生需要遵守相应的规则,但是,应注重鼓励充分发挥学生的主动性和创造性,通过开展相应的游戏引发和启迪学生进行思考。

第三,教师应做好相应的评判动作,要做到公正、客观,避免挫伤学生参与体育学习的积极性。

2.竞赛教学法

竞赛教学法即在教学过程中,为了检验教师教学效果和提高学生的技术水平,组织学生进行比赛的方法。竞赛教学法将所学的技术动作应用于实践,能够使学生更好地掌握相应的技术动作。采用这种方法具有一定的竞争性和对抗性,因此学生需要承受较大的运动负荷。通过开展竞赛,能够培养学生的应变能力,对于其心理素质和意志品质等方面的发展也能起到一定的促进作用。

教师采用竞赛教学法时,应注重以下两个方面的问题。

第一,开展相应的竞赛时,应合理地组织,无论是个人赛还是小组之间的比赛,其实力应相对较为均衡。

第二,开展相应的竞赛时,学生应熟练地掌握相应的技术动作,并能很好地运用于比赛中。

二、体育教学方法的选择

(一)选用教学方法的艺术

在体育教学实践过程中,有多种制约教学活动的因素,在不同的教学目标、教学内容、教学对象以及教学条件下,教师的教学方法也发挥着不同的效果。这在一定程度上决定了教学方法的多样性。因此,在教学过程中,教师应注重教学方法的科学性、艺术性和综合性的结合,形成良好的教学方法模式,并且要灵活进行变通。实践表明,教学方法都有其优点和缺点,适用于所用教学条件下的教学方法并不存在。因此,教师在选择教学方法时,应注重科学性和综合性的结合。

教师在选择教学方法时,并不是随意选择的,而是必须具有一定的科学依据。在教学过程中,应以教学规律为根据来选用合适的教学方法。教学方法与教学目标、教学内容、教学对象等方面均具有一定的联系,因此教师在选择教学方法时,应分析和掌握这些因素之间的内在本质联系,从而确定科学的教学方法。

教师在选择教学方法时,还应注重选择的艺术性。还要保证在具体的教学实践过程中,采用的教学方法要具有灵活性、艺术性和创造性。在实践过程中,应根据具体的条件和教学需要,选择相应的教学方法,必要时,还要对相应的教学方法进行加工和创造。

在教学实践过程中,教学方法的选择具有综合性的特点。不同的教师会采用不同的教学方法体系,并取得一定的教学效果。在选择教学方法时,也不能要求所有的教师都要千篇一律。不同的教师会有不同的特色教法,只要其教学方法能够取得一定的教学效果,就值得使用和发展。

需要注意的是,体育教学的内容处在不断地发展和变化之中,教学对象也呈现变化性的特点,这就要求体育教学的方法也要不断进行发展和创新。因此,在选择相应的教学方法时,应用发展的眼光看问题,动态地去选择。

(二)选择体育教学方法的注意事项

1. 注意师生之间的协调配合

在体育教学过程中,教师和学生的默契配合是取得良好教学效果的重要保证。教学活动不存在没有"教"的"学",也不存在没有"学"的"教"。因此,不管是何种教学方法,都应考虑到"如何教"和"如何学"这两方面的问题。

在传统体育教学过程中,片面强调以教师为中心,教学方法也只是注重教师"如何教"的问题,而对于学生在教学过程中的作用则选择性地忽略了。例如,教师在动作示范时,只考虑动作的优美和协调性,而没有考虑学生的感受,使学生的学习效果不佳,从而会影响教学活动的开展。

因此,体育教学方法的应用应考虑师生双方的合理配合,避免两者相脱节,这样,才能取得良好的教学效果。

2. 注意学生内部与外部活动的配合

学生的学习过程是内部活动和外部活动的综合体现,因此,在选择相应的教学方法时,应注重两者之间的配合。所谓内部活动,即为学生的心理活动以及相应的生理生化反应等方面;外部活动则是其动作质量、情绪、注意力等方面。

在选择相应的体育教学方法时，应注重这两者之间的配合。教师应善于分析学生的内外活动变化，有机结合指导学生外部活动的方法与激发学生内部活动的教学方法，以促进学生积极主动地参与到体育学习中。

在选择体育教学的方法时，还应对多种教学方法进行对比分析，从而确定最佳的教学方法。在教学过程中，应明确不同的教学方法适应什么样的教学内容，能够解决什么样的教学问题，能够对什么样的教学对象起到更好的作用等。

3. 注意不同学习阶段的前后配合

学生在学习过程中，在不同的学习阶段会表现出不同的特点。体育教学方法的应用应考虑到学生知识学习的不同阶段的相互配合。例如，在动作学习过程中，应注重"模仿型"向"创造型"的过渡，并实现二者的有机结合。

学生的学习过程是由不了解到熟悉的过程。在学习的初始阶段，往往以模仿学习为主，之后学生就会形成动作定式而完全摆脱模仿，从"模仿型"过渡到"创造型"。这两个阶段之间既有一定的联系，又相互区别。因此，在运用教学方法时既要防止二者之间的互相代替，又要防止二者之间的割裂。

第二节 体育教学方法的创新与发展

一、体育教学内容的创新发展

(一)对学校体育教学内容的反思

1. 学校体育教学内容的逻辑关系不强

由于体育教学内容相比于其他教学内容没有足够强的逻辑性，所以在教学内容的安排上应当避开逻辑性，在更深的层面上进行研究。

2. 竞技项目如何教学化

在我国的体育教学内容发展过程当中，竞技体育项目始终是体育教学的主要内容。但与体育教学相比,运动训练是有着本质上的不同的,所以如果以专业训练的标准要求学生对体育教学的汇总进行学习,那么必然会出现难度过高,内容枯燥,教学效果欠佳的问题。所以要想在体育教学内容中加入竞技体育的内容,对其进行改造是必不可少的,这样才能适应体育教学对教学内容的需要。

3.学校体育教学内容与健康教育的关系

体育教学内容从根本上来说,应当与健康教育相辅相成。终身体育思想理念的提出使人们认识到,体育与卫生保健是相辅相成的,科学锻炼才能保障健康,所以体育教师必须注重理论与实践相结合。

4.学校体育教学内容的多样化与突出重点

相比于其他学科,体育教学在横向上的内容更加丰富,因为其他学科的内容有着比体育教学更强的逻辑性。终身体育思想理念使得很多体育教育工作者开始思考目前的体育教学内容太多导致学生学不会的问题经常出现,所以很多学者提出了学生只要具备一项运动技能就足够了的观点,他们认为,学生进行终身体育锻炼,一项体育技能足以。此外也有很多的反对呼声,认为如此会把体育教学内容置于一个过于狭小的范围内,并且一个项目很难满足人的一生中各个阶段中对体育运动的兴趣。所以,项目太多或项目太少对于终身体育观念来说都过于片面。这一问题可能通过在中小学设置多样化教材内容,而在高中与高校设置特长项目的方法来实现。

(二)学校体育教学内容的发展趋势

随着时代的发展,体育教学内容也会呈现出不同的时代特点。在我国体育教学改革的逐渐推进下,体育教学内容将会呈现出一定的发展趋势,具体内容如下。

1.体育教学内容更加注重学生的全面发展

在传统体育教学中,体育教学内容只注重学生身体素质的发展,带有一定的片面性。在体育教学内容的未来发展过程中,其由最初的只重视身体素质发展逐渐转变为重视学生身体素质、心理素质和社会适应能力的全面发展。在教育思想、方针政策、体育目标、体育功能的影响和制约下,选择体育教学内容的范围也受到了很大的限制,这使得体育课曾一度成为以提高学生身体素质为主要目的的达标课。素质教育在我国开始实行和推广之下,体育教学内容的选择需要与素质教育的具体要求相符合,以使学生的心理素质、身体素质以及社会适应能力都得到全面的发展,从而将学生培养成为全面发展的社会需要的人才。

2. 体育教学内容更加注重学生终身体育意识的形成

终身体育的教学思想是现代体育教学的重要指导思想,而在这种教学思想的影响下,体育教学内容将更加注重学生终身体育的教育目标。终身体育已成为当今世界体育发展的一大趋势,要想实现这一终身体育目标就需要使学生学习和掌握参与终身体育所需的知识、态度和技能。因此,在未来的体育教学发展中,运动文化的娱乐性与传递性、教材的健身性之间的关系将被协调整合起来,一些具有健身价值、终身运动性质的体育运动项目将被作为体育教学的内容。

3. 由规定性向选择性以及不同学段逐级分化

以往的体育教学大纲在对体育教学内容进行确定时,总是试图在具有极强综合性的体育学科中来寻找运动项目之间的逻辑关系,并将所选择出的体育教学内容按照一定的逻辑关系使之体系化,但体育教学内容因缺乏相应的逻辑性而给教材的制定造成了一定的困难。将来的体育教学大纲在对体育教学内容进行选择时,非常重视遵循体育学科自身的内在规律,同时重视将具有娱乐性、健身性、时代性的体育素材,以及学生喜闻乐见的体育素材纳入体育课程之中,并且不同学段的教学内容和要求也有一定的区别,"选择制教学"将获得进一步的发展。

4. 从教师价值主体逐步转向学生价值主体

社会及学校教育的发展水平、教师与学生的价值观念都会对体育教学内容的选择与确定产生一定的制约。在传统的体育教学大纲中,选择与确定的体育教学内容主要是将体育教师对体育教学内容的价值取向体现出来,围绕着教师的"教"来进行体育教学内容的选择。随着现代体育教学改革的不断深入,体育教学内容的选择与确定主要是从学生的实际需要出发,更多地将学生的价值取向体现出来,即教学内容的选择应服务于学生的"学"。

5.体育教学内容对新体育项目的吸收

体育教学内容也开始逐步吸收一些民族传统体育项目和一些新型的娱乐体育项目。随着现代社会的快速发展以及大众体育的蓬勃发展,不断涌现出一些新兴的体育运动项目和娱乐性体育运动项目。青少年更加喜欢追逐潮流、追求时尚,所以也喜欢那些新兴的、娱乐性强的体育运动项目。因此,体育教学内容应在以往传统体育教材的基础上进行革新,注重对一些新兴时尚的特色运动项目的吸收,并将其作为体育的教学内容。此外,未来体育教学内容的开发可以重点考虑我国各民族传统体育项目,这些具有民族特色和健身价值的体育项目是体育教学内容的良好素材。

(三)学校体育课程内容的新体系

学校体育课程内容要做到与社会相结合,同时与学生的日常生活相结合,这在现代体育的发展中是又一个不可逆转的趋势。所以学校体育教学内容应当扩宽,形成自己的新体系。在这个新体系当中,体育教学内容应当包括身体教育、保健教育、娱乐教育、竞技教育和生活教育五个方面。

1.身体教育

身体教育是指以健身为目的的体育教育。身体教育的目标是要提高人的各项基本活动能力。其中身体成分、肌肉力量、有氧耐力及柔韧性是与健康相关的重要的运动素质。

2.保健教育

保健教育指在学习相关体育知识的过程中确保学生的安全和健康,其中生理和保健知识也是必不可少的。在体育教学内容中必须重视运动处方的理论和实践,从而将保健教育和体育教学结合起来。

3. 娱乐教育

体育教学内容中的娱乐教育可以非常灵活地结合在社会的每个角落。每个人每个民族的娱乐体育活动都是丰富多彩的,因此促使它成为体育教学内容是一种有益的选择。

4. 竞技体育

竞技体育主要是以专项运动项目为主要的教学内容,由于竞技体育事业的飞速发展,所以学生对竞技体育是相当喜爱的。但在教学过程中,绝对不能照搬对运动员的要求而进行体育教学,在各个方面应该针对学生来进行适当的处理,从而适应学生的实际情况和需求。

5. 生活教育

生活教育在这里指防卫训练、拓展练习、冒险教育及健康生活教育。在现今时代城市化影响着每一个人,包括学生。但这种生活有时候会显得内容单调,因此很多学生希望亲近大自然。而这种追求,在体育教学内容方面可以有新的选择。

(四)体育教学内容改革的方向与建议

1. 体育教学内容改革的方向

随着我国体育教学改革的逐步深入,一些改革的试点也正在如火如荼地开展起教学工作。需要注意的是,体育教学内容的一些变化,会使体育教学出现一些单调、难度大、锻炼性强、要求教学规范化和场地器材条件高的情况趋势,在体育教学改革中,体育教学内容的改革无疑是其中最重要的一个方面,它是改革中最为直接、最易见效的部分。因此,体育教学内容的改革一定要把握好方向,其改革的方向应重点把握以下几点。

第一,改变体育教学内容趋于锻炼和达标相统一的趋势。

第二,解决体育教学内容与学生社会体育活动之间的差距问题。

第三,解决体育教学中与体育教学内容难度有关联的"教不会""教不懂"的问题。

第四,解决学生因体育教学内容缺乏娱乐因素而越来越不喜欢体育的问题。

第五,解决乡土教学内容开发不足的问题。

第六,解决体育教学内容民族化的问题。

当前,体育教学内容的改革既要求体育教学内容的改革和新的课程的开发,也要求恢复一些以往的传统体育教学内容中的精华部分,以提升学生学习体育的积极性。

2.体育教学内容改革的建议

针对目前我国体育教学内容改革中存在的一些问题,结合现代体育教学内容改革与发展的方向,特提出以下几条建议。

第一,以学生为本,在选择体育教学内容时应更多地从学生如何学以及他们兴趣的角度出发。

第二,改变体育教学内容规定过死的现象,将教学内容的弹性相应地扩大,使地方学校和教师对体育教学内容的选择、设计更具灵活性。

第三,逐渐淡化竞技运动的技术体系。

第四,教学内容应更加概括,涵盖范围广阔,让学生和教师选择体育教学内容的权限更宽广,给教师和学生留出广阔的空间。

第五,适当增加女生喜爱的韵律体操和舞蹈内容。

体育教学内容的改革不是一时一日而成的,它是一项长期的任务,在改革的过程中,要真正使体育教学内容成为学生喜欢的、想学的、对学生未来的身体锻炼和业余休闲起到积极影响的真正有价值的东西,这需要国家、学校以及包括体育教师在内的体育教学工作者的不断探索和努力,只有这样,改革出的体育教学内容才能与时俱进,符合时代的发展和学生的体育需求。

二、现代体育教学方法的创新发展

(一)现代体育教学方法的发展特征

体育教学方法具有一定的时代性,现阶段学校体育教学方法的发展呈现出以下几个方面的特征。

1.体育教学理论的发展促进了教学方法的改善

体育教学理论的发展有利于体育教学方法的创新与进步。在新的体育教学理论的指导下,体育教学方法逐步实现了发展和创新。传统的体育教学过程中,对于体育运动技能的分析有所欠缺,并且同一运动项目的教学方法相对较为固定,甚至在不同的运动项目中都采用统一的教学方法。所以,在种类繁多的运动项目面前,体育教学方法是"以不变应万变"。然而随着有关专家研究球类运动项目的不断深入,"领会式教学法"因其适合球类运动的特点应运而生。

2.学生个性发展促进了体育教学方法的改进

时代环境不同,学生就会表现出不同的特点,并且学生的个性特点具有很多的变动性。因此,为了更好地促进体育教学目标的实现,促进体育教学效果的提高,教师应根据学生的具体情况,采用不同的体育教学方法。

学生的变化主要体现在以下几个方面。

第一,随着接受的知识的增多,学生的认知能力逐渐增强。

第二,随着时间的变化,学生的身体逐渐发育、发展。

第三,随着学生知识和阅历的丰富,其个性越来越强,并且形成了相应的价值观念。

另外,社会的文化价值观念对学生的个性发展也具有较为显著的影响,体育教学的方法也应随着学生各方面的变化而进行适当的调整。

3.体育教学内容的变革促进了教学方法的变革

为了适应时代的发展,满足学生的体育需求,体育教学的内容处于不断的发展和变革之中,这也导致了体育教学方法的变革。例如,随着定向运动和野外生存运动被引入到体育教学之中,体育教学活动的野外组织和教学方法得到了更加广泛地开发。

4.科技进步促进了体育教学方法的创新

科学技术发展迅速,在不断丰富和方便人们日常生活的同时,在其他领域也发挥着重要的作用。在体育教学中,科学技术的进步对其教学方法的影响是极其深远的。随着计算机技术的快速发展,其在体育教学中迅速得到普及,这使得体育教学中的动作示范更加标准、科学,资料的搜集、整合更加便捷,并且学生在学习空间和时间方面的限制被减弱,实现了实时的信息沟通。通过运用计算机进行动作示范,能够从不同的侧面,以不同的速度,对不同部位的动作进行细致的分析和研究,使得传统的讲解示范等方法更加科学、高效。

(二)学校体育教学方法的发展趋势

现代学校体育教学经过多年的发展,已经发展成一个较为成熟的学科。教学方法经过多年的发展,已经发展成为具有自身特色的教法体系。随着经济社会的不断发展,其呈现出如下几方面的发展趋势。

1.现代化趋势

在教学方法的现代化过程中,体育教学的现代化十分明显。体育教学的重要表现之一是教学设备的现代化,通过采用先进的技术手段,使得教师能够更容易开展教学活动,学生能够更好地学习。通过先进的现代化设备,教师能够对学生的身体素质有更加深刻地了解,并能够更好地制定运动训练的负荷量。在教学管理方面,能够对学生的学习和生活提供更加便捷的服务。随着现代社会的发展,体育教学的各项技术逐渐发展,其教学方法也必然呈现出现代化的发展趋势。

2.心理学化趋势

心理学认为,学习是一项复杂的心理过程。在体育教学过程中,学生学习是一项既要涉及相应知识的记忆,同时还有动作技术的记忆。随着心理学研究的发展,学习过程的各个方面被人们所认识,并且在具体教学实践过程中,心理学的相关理论逐渐受到重视。在体育教学方法的发展过程中,很多心理学的研究成果将会进一步得到应用,这对于体育教学效果的提高具有重要的意义。另外,体育教学还肩负着培养和发展学生的良好意志品质、促进学生的心理健康等方面的重要作用,通过运用相应的心理学方面的方法,能够更好地达成这方面的目的。

3.个性化与民主化趋势

体育教学方法的个性化和民主化是其发展的主要趋势之一。在传统的教学过程中,教师是教学的主体,在教学过程中具有很强的统一性,教师的教学活动忽视了学生个体之间的差异性。随着教学活动的开展,社会越来越注重学生个性的发展,体育教学方法的发展也必然呈现个性化发展趋势。个性化的教学方法改革和创新对于学生和社会的发展均具有重要的意义。

体育教学的民主化也是大势所趋。随着教学过程中民主意识的崛起,民主化的体育教学方法也逐渐得到快速的发展。

第三节　体育教学设计的改革

体育教学要想取得理想的效果,必须进行科学合理的设计。而在进行体育教学设计时需要分析体育教学的各方面要素,做到科学全面、符合实际。对体育教学设计进行研究,主要包括体育教学设计概述、体育教学设计的背景分析、体育教学设计的过程与评价以及体育教学设计的创新发展等。通过这些方面的分析,为体育教学设计提供指导,促使体育教学取得理想的效果。

一、体育教学设计概述

(一)体育教学设计的概念

体育教学设计是教学执行者和参与者为提高教学质量在教学活动中采取的具体的教学活动方案。

从整个教学系统来讲,体育教学设计在指导思想、基本思路、基本程序上与其他课程教学设计是一脉相承的。但是,在设计具体操作方案时,人们要根据体育教学自身的特点,充分考虑学生身体和心理发展的基础和相互关系,结合体育教学的环境和条件、教学现状分析,对未来体育教学过程中可能出现的一系列问题进行预测,对未来师生活动进行规划、准备,从而制订相应的计划方案。

在现代高校体育教学中,科学的体育教学设计有利于促使体育教学理论与教学实践的有机结合,能为教师提供科学合理的体育教学设计的方法。同时,有助于发现体育教学中的各种问题,积极思考和探索解决问题的办法和思路,使教学设计方案更具有实效性。并有助于促进体育教学工作的科学化,促使教师的教学从经验型向科学型转变,从而提高体育教师的专业化素质。此外,其还是显著提高体育教师教学效率和教学效果的有效手段之一。

(二)体育教学设计的特点

体育教学设计具有鲜明的特点,具体表现在超前性、差距性和创造性等几个方面。

1.超前性

体育教学设计是在进行体育教学之前,事先对体育教学所做出的一种安排或策划。即体育教学设计在前,体育教学在后,所以说体育教学设计具有一定的超前性。例如,体育教师在上一堂体育课之前,必须设计出这堂课的教学方案。

从本质上讲,体育教学设计只是体育教学活动的一种设想和预测,它对体育教学活动中的一切要素进行构想,并提出解决问题的方案,它是体育教师在进行体育教学之前对体育教学所做的安排或策划。具体来说,体育教学设计是对即将进行的体育教学中可能产生的问题进行分析,是根据体育教育、教学理论和学生的学习需求,针对可能发生的问题提出解决方法的一种设想。

2.差距性

体育教学设计是在体育与健康课程理念和体育学习需要指导下所形成的一种实施方案。在方案实施过程中会出现许多难以预测的情况。因为体育教学设计者对体育教学中可能出现的问题的理解、对现有条件的分析、所采取的解决问题的方法等都具有一定的差异性。

体育教学设计的差距性特点使体育教师在教学过程中要时刻根据具体的教学情况调整教学方案,以适应不断变化的教学要求,这主要表现在以下两个方面:一方面,体育教学设计是以体育与健康课程理念为基础,以学生的体育学习需要为基础,对体育教学实践活动具有重要的指导意义;另一方面,体育教学过程具有一定的复杂性和多变性,体育教师在体育教学设计中不可能完全考虑周全,体育教学设计者设计出的教学方案不能全面概括教学实践,不能完全解决教学实际中存在的各种问题。

3. 创造性

体育教学设计的过程是一个解决教学问题的过程,更是一个创造性的过程。体育教学目标的多元化、体育教材的多功能性、体育教学方法的多样化等特点,决定了体育教学过程具有复杂性和不确定性的特点。体育教师在教学活动之前完全按照教学计划开展活动是不现实的。因此,体育教学设计必须具有一定的创造性,只有这样,才有可能充分解决教学中存在的问题。

作为体育教学的一种特质,体育教学过程的变化性为体育教学设计提供了创造性的开放空间。因此,体育教学过程就是发展学生创造能力和培养教师创新精神的过程。

体育教学设计的创造性对体育教师的专业能力和专业素质提出了较高的要求,要求体育教师创造性地解决体育教学活动中出现的问题的能力,对培养和提高学生的创新意识和创新能力具有重要的意义。体育教师要具备一定的创新性和创造能力,必须具备以下几点:第一,必须具备扎实而丰富的文化基础知识;第二,具备出色的专业技术知识和能力;第三,具备创造性的思维和想象力,只有这样才能创造出多元、科学、有效的体育教学方案,创造力是体育教师教学执行力的重要组成部分。

(三)体育教学设计的指导理论

体育教学设计是一个多变的、富有创造性的复杂过程,进行教学设计之前,体育教师必须掌握必要的理论知识,以科学方法指导体育教学设计过程,设计出的教学方案才具有一定的科学性和可靠性。在各种不同的学科分类中,与体育教学设计相关的理论有很多,体育教学设计的要素和方法都要建立在这些理论基础之上,具体来说,主要包括以下几种理论。

1.系统理论

（1）系统理论概述

"系统"是元素及其关系的总和。贝塔朗菲是系统论的创始人,他认为系统是"相互作用的诸要素的复合体"。整个人类社会和自然万物的活动都是以系统的形式存在的,只是系统的大小不同、构成层次不同、内容和形式也不同。

系统是不断发展变化的,这主要受其构成要素的发展变化的影响,系统可大可小,由若干子系统构成,而构成系统要满足以下三个基本条件。

①系统要素

系统包括诸多元素。这些元素之间存在着一定的联系,相互依存、相互制约,共同促进着系统的发展。

②系统结构

系统具有一定的结构。系统之所以成为系统是因为构成系统的各元素之间存在着一定的相互联系,元素之间没有联系,不能构成系统。

③系统环境

任何系统都必然存在于一定的环境中。系统是存在于一定的环境之中的,二者相互作用、相互影响,可以说没有环境就没有系统。

（2）系统理论的体育教学设计指导

系统理论为体育教学设计提供了重要的系统分析的方法,可以帮助体育教师从整体上把握体育教学设计的方法、程序、步骤等,使其设计出的体育教学方案科学和合理。根据系统论,可以将体育教学系统划分为以下几个子系统。

①教学组织者

教师是教学活动的主体,是体育教学活动的组织者和引导者。就教师队伍而言,有带头人、骨干和助手等要素,又有老年、中年和青年等要素;就教师个体来讲,包含体育知识、运用体育方法、运用教学媒体以及主观努力程度等要素。

②教学对象

学生是体育教学的对象,是体育教学活动的主体,没有了这一主体,体育教学活动也无从开展。

③教学内容

教学内容即教材,它决定着体育教师教什么和学生学什么,具体包含了教授体育与健康知识、教授体育与健康技能、发展学生智力、提高学生社会适应能力、培养学生体育情感等要素。

④教学方法与手段

教学方法与手段是指教师和学生为达到体育教学目的和完成教学任务所采取的各种方式和手段。教学方法的合理运用对教学过程的顺利开展以及良好体育教学效果的取得具有重要的影响作用。

⑤教学媒体

教学媒体是体育教学的辅助性物质基础设施,它主要包含语言、文字、动作示范等视觉要素和记录、储存、再现符号的实体要素,如图片、模型、电视、电影、录像、电脑模拟等都属于教学媒体的范畴。

体育教学设计是一项长期复杂的工作,是一种不断趋向完美的循环过程,是一个系统的工程,是在设计—实施—反馈—修改设计这样一种循环往复的过程中进行的。体育教学系统的各个子系统之间相互影响,它们都在体育教学目标的支配下共同发生作用,缺一不可。这些系统之间是紧密联系在一起的,构成整个体育教学系统。

2.教学理论

(1)教学理论概述

教学理论是研究教学本质和一般规律的科学。它通过规律性的认识来确定优化学习的各种教学条件与方法,要解决的核心问题是教师的教和学生的学。

教学理论由来已久,且国内外均有不同程度和层次的成就。在我国,古代孔孟儒家教学思想以及近现代时期,蔡元培、陶行知等倡导教学要重视发展儿童的个性、发挥儿童主观能动性的教育思想都是比较实用的教学理论。

第一,教学本质。即解释教学过程的影响因素、组成结构及规律。

第二,教学价值、教学目的和教学目标。即探讨教学目的、教学目的的制定依据以及教学活动的关系。

第三,教学内容。即仔细分析教师、学生与教学内容的关系,科学选择、调整和合理编排教学内容。

第四,教学模式、教学原则和教学组织形式,即重点研究教学的手段和方法。

第五,教学评价。主要包括教学评价的标准、要求、手段和反馈。

(2)教学理论对体育教学设计的指导

教学理论是体育教学设计的重要指导思想之一,体育教学设计是教学理论与教学实践之间的一座桥梁,体育教学设计在系统过程中为教学理论应用于实践创造了良好的基础。具体来讲,在教学理论的指导下,体育教学设计者通过对教学理论研究的对象和范畴等的认识及其相互之间的关系分析,以教学理论为基础,结合教学设计中的各项要素,如体育教学指导思想、体育教学目标、体育教学方法等设计出教学方案,最终完成科学的体育教学设计。

3.传播学理论

(1)传播理论概述

传播就是信息的传递。著名传播学学者威尔伯·施拉姆指出,信号的传播和接收模式包括信息发送者、信号、信息通道、信息接收者四个要素。信息的传播需要经历以下三个阶段:首先,信息发送者通过各种媒体,使用各种方式发送信息;其次,信息接收者对信息发送者发送的信息进行编码(按自己的理解为其附加一定的意义);最后,被编码后的信息通过信息传播通道再传播出去。

要想正确地认识和理解传播理论,需要认清以下几点。

第一,在一个完整的传播过程中,有效的传播不仅是发送信息,还要通过反馈途径从接收者那里获取反馈信息,以便确认发出去的信息是否得到了正确的反馈。

第二,在传播过程中,信号的形式和结构影响着信息的接收。通常情况下,接收者控制信号的程度越高,传播的效果越好。

第三,传播主要有个人间传播、小组间传播、机构间传播和大众传播四种形式。这几种传播形式各有特点、优势和弊端。

(2)传播理论对体育教学设计的支持

传播理论的基本思想和观点对现代体育教学中教学媒体的分析和选择具有重要的启示。科学选择教学媒体对学生理解教学信息,提高教学质量具有重要的意义。根据传播学理论,体育教学过程也是一个信息传播的过程。因此传播学理论也能为体育教学设计者设计体育教学方案提供一定的理论支持。

具体来说,传播理论对体育教学设计者的指导主要表现在以下三个方面。

①体育教学过程的要素分析

在传播学理论的发展过程中,不同的学者对传播过程、模式、要素等进行了深入的分析,不断提出新的研究成果,也在一定程度上影响和促进着体育教学的研究与发展。

②体育教学过程的双向性

信息的传播不是单项的,是信息传出者和信息接收者的双向互动过程,这主要得益于反馈机制的存在,因此传播过程能不断循环进行。体育教学信息的传播也具有双向性和互动性的特点,具体是通过教师和学生双方的传播行为来实现的,因此,高校体育教学过程的设计必须重视"教"与"学"两个方面,要求高校体育教学设计者充分利用反馈信息,随时控制和调整体育教学过程中的"教"与"学"。

③传播过程要素构成体育教学设计过程

一个完整的传播过程,包括传播内容、受众、媒体、效果等因素,对这些要素进行分析,是体育教师做好体育教学评价的基础。

(四)体育教学设计的基本原则

1.目标导向性原则

目标导向性原则是指体育教学设计必须紧扣体育教学目标,所有教学环节的设计都以目标为导向,体育教学设计方案要保证实施过程的教学行为与目标保持一致。

体育教学目标由体育与健康课程目标所决定。体育教学的目的就是帮助学生如何从起始状态达到目标状态。因此,体育教学设计的每一个环节、每一个步骤都要考虑对教学目标的实现的功能和作用效果。体育教学设计就是一个通过解决问题以实现体育教学目标的准备过程。

2.整体优化原则

整体优化原则是指在进行体育教学设计时,要在对体育教学过程各个因素优化设计的基础上,处理好体育教学系统内部各子系统之间的关系,将各因素加以科学地整合,充分地发挥体育教学的整体功能,以达到最优化的教学效果。

体育教师在体育教学设计的过程中要把握好整体优化性原则,将体育教学系统的每一个要素、环节等都置于系统的整体设计之中,从而设计出最优的体育教学方案。

3.可操作性原则

可操作性原则要求体育教学设计方案实用、高效。体育教学设计只有具备了可操作性的特点,才能更好地提高体育教学的效率。

体育教师在制定体育教学设计方案时要把握好可操作性原则。体育教师在进行教学设计时,不能生搬硬套教科书上的案例和模式,要认真分析具体的教学背景和实际,制定出切合自己学校及班级特点的教学目标,内容安排应与现有教学条件相适应。

4.系统性原则

系统性原则是指体育教学设计的整个过程要贯彻系统论的思想,使其成为一个有机统一的整体。具体来说,在体育教学设计的过程中,体育教师要学会用系统的理论分析问题,从整体的角度出发,对体育课堂活动中的各要素进行分析,制定出各种体育教学的方案,加以比较,从中选出最优方案指导教学实践。

5.灵活性原则

灵活性原则要求体育教学设计符合体育教学的发展,灵活多变。体育教师遵循灵活性的教学设计的原则有以下三方面的原因:首先,体育教学活动受外界环境的影响较大,如场地、季节、气候等影响,体育教学设计要根据实际情况做出适当的调整;其次,体育教学过程中师生、学生之间人际交往复杂,角色不断发生变化;最后,在体育教学活动中,学生的身体、心理是不断发展和变化的,体育教学设计方案也应根据实际情况做出适当的调整。

6.趣味性原则

体育教学过程的趣味性原则要求体育教学设计必须体现出趣味性。体育教学过程中,影响学生学习的因素不仅指智力因素,还指非智力因素,如动机、兴趣、情感和态度等。同时,体育教学内容大多起源于各种游戏。因此,体育教师在进行体育教学设计时,要把握好趣味性原则,具体应做好以下工作:首先,体育教师应充分了解学生的兴趣,根据学生的不同兴趣及要求,合理安排体育教学的内容;其次,体育教学方案要包含创新的教学手段和方法,对一些枯燥和技能性较强的内容通过适当的加工、改造以满足学生的需要;最后,体育教师要认真分析体育教学内容的特性,教学方案设计要适合学生的身体和技能情况。

7.简明性原则

简明性原则是指体育教学设计过程与方法应该是简便易行的。很多人认为教学设计是一项非常复杂的教学技术,使用起来也不方便,一线体育教师没有能力与精力顺利完成教学设计。实质上,教学设计重要的作用之一就是提高教学的效率与效果。因此,体育课堂教学设计是一项指导教师教学的简明技术、手段,它不应该给教师增加额外的负担,教师们易于掌握,使用起来简单明了,有利于学校体育教学工作指导的实现。

8.创新性原则

创新性原则是指体育教学设计中在体育教学理念、体育教学内容、体育教学方法和策略等方面对常规或传统体育教学有所突破或超越。体育教学设计的创新不仅能有效地挖掘教学资源和提高教学效率,从而实现体育教学的低耗高效。此外,体育教学设计的创新可为学生创新意识和创造能力的发展营造氛围、设计空间。

体育教学设计的创新性原则要求体育教师必须具备一定的创新性思维,这样才能设计出创新的体育教学方案。

二、现代体育教学设计的过程与评价

(一)体育教学设计的过程

1.体育教学目标的设计

体育教学目标的设计是体育教学设计的重要环节,其他的体育教学设计环节都要围绕它来进行。体育教学目标的设计步骤具体如下。

（1）分析教学对象

分析体育教学对象即分析体育学习者的学习需要、一般特点、起始能力和学习风格等。找出体育教学中出现的问题以及解决办法,确定学习者现状和目标之间差距的重要环节。同时,体育学习者的一般特点、学习风格和体育与健康知识、技能起点也制约着体育教学目标的实现。

（2）分析教材内容

分析体育教材内容的目的在于确定体育教材内容的特点、功能、范围和深度以及选择体育教材内容的依据等,使体育教材内容更好地为实现体育教学的目标服务。

（3）编写教学目标

一个完整、明确的体育教学目标应包括教学对象、学生的体育行为、确定行为的条件及程度四个部分,这四部分适用于认知、动作技能、情感领域体育教学目标的编写。

通过体育教学目标的设计,学生明确了要学习的内容和应该达到的水平,这样便于学习者互评和自评,找出与教学目标的差距,从而增强自我的调控能力和学习能力。

2.体育教学策略的设计

探究学习教学策略的设计是以学为主教学设计的核心内容之一,体育教学策略设计步骤具体如下。

(1)设计体育教学组织形式

设计的内容主要包括:体育课堂常规的设计;教学场地与器材的布置;队伍、队形的安排与调动;集体教学、分组教学或个别教学形式的选择。体育教学组织形式是实施体育教学活动的关键所在,科学合理的教学组织形式将对体育教学效果产生重要的影响。

(2)设计体育教学手段

首先,结合实际情况分析通过哪些体育教学手段可以达成体育教学目标;其次,分析体育教学内容借助什么体育教学手段才能完成体育教学任务;再次,根据体育教学的对象合理选择和设计教学手段。在选用和设计体育教学手段时,必须顾及教学对象的年龄特征。此外,还要考虑学生的兴趣习惯及发展需要等因素;最后,针对学校体育教学实际选择和创造教学手段。在体育教学中设计和选用教学手段时,不能脱离教学实际,应符合体育教学设计的基本原则。

(3)设计体育教学方法

首先,分析体育教材内容以及体育教学媒介,清楚达到目标的手段有哪些。其次,了解相关的体育教育教学规律。主要包括:体育学科的特点,学生的身心发展特征,体育教学的生理学基础、心理学基础、运动学基础和社会学基础等。最后,按照一定的程序来设计科学、合理、有效的体育教学方法。

3.体育教学过程的设计

体育教学过程的设计就是按照现代系统论的观点,把体育教学各环节的设计进行优化组合,它为最佳体育教学完整方案提供了的思路。体育教学设计对教学过程的表述是采用类似于计算机流程图的形式进行的。

采用流程图方式可以直观地展示整个体育课堂活动中各个要素之间的关系、比重;教师可以根据学习者的不同反应做出相应的教学处理,灵活性大,目的性强;能直观、简明地表现整个体育教学过程。

(二)体育教学设计的评价

1.体育教学设计评价的概念

体育教学设计的评价是指以体育教学设计方案为评价对象,制定合理的评价方案和科学的标准,运用一切有效的技术手段,对教学设计方案进行形成性评价。

体育教学设计的评价为教学设计方案的改进和完善提供反馈信息,是提高教学设计质量、获得最优化教学效果的保障。

体育教学设计的评价主要包括以下两个方面。

第一个方面,由体育教学方案的设计者和相关专家对体育教学方案本身进行评价,根据体育教学设计的流程,对各个体育教学要素的分析和设计结果进行检查和评价。

第二个方面,将体育教学方案运用到体育教学实践中,根据形成性评价的要求,确定收集资料的类型、制定评价标准,然后运用评价工具对教学过程进行评价,最后归纳和分析回收的资料,并出具评价结果报告,为教学方案的修改和制定提供依据。

2.体育教学设计方案的评价

体育教学设计方案的评价涉及体育教学目标、体育教材内容、体育学习者、体育教学策略、体育学习需要、体育教学过程,以及总体上影响体育教学实施效果的因素:体育教学模式、体育课的类型以及体育课的结构。

(1)体育教学设计方案评价的类型

第一,设计者根据体育教学设计的流程和要素逐一地进行检查和评价,为修改和完善设计方案提供了反馈信息。

第二,请有关的体育理论专家、学校体育学理论专家以及体育教学研究者对方案进行全方位的评价,为设计者改进体育教学方案提供了理论支持,以便更好地进行实践指导。

第三,请工作在第一线的体育教师,结合自身对体育教学的感性和理性认识,结合体育教学设计的要求,对体育教学方案进行评估,为教学设计者提供建议。

(2)体育教学设计方案评价的标准

一是体育课的类型和结构的评价标准是体育教学目标。二是体育教学模式的评价标准是体育教学目标和体育学习者。三是体育教材内容的评价标准是体育教学目标、体育教材的分析中呈现的功能。四是体育学习者的评价标准是体育教学对象应具有的学习起点、一般特点和学习风格。五是体育学习需要的评价标准是体育教学目标与体育学习者目前的现实状态(体育教学目标呈现的领域)的差距。六是体育教学目标的评价标准是体育与健康课程的领域目标、教学对象的特点和学习需要。七是体育教学策略的评价标准是方案中所采用的教学策略是否能有效达到教学目标,是否符合体育学习者的特点,是否适合该体育教学内容。八是体育教学过程的评价标准是否为体育教学过程所呈现的分析结果,设计结果的整体功能是否大于部分功能之和。

(3)体育教学设计方案评价的意义

体育教学设计方案的评价是体育教学设计评价的第一步,是形成最优化体育教学方案的关键内容。

体育教学方案评价有利于促进体育教学设计理论的不断发展;有利于检查体育教学方案的完整性、科学性和合理性;有利于体育教师熟练地掌握体育教学设计的流程和操作技术;有利于提高教师对体育教学过程整体性的再认识;有利于教学方案在实施之前得到最大程度的优化,从而显著提高体育教学的质量和水平。

3.制定体育教学设计的评价方案

(1)选择评价工具

在体育教学设计方案形成性评价中,经常使用的工具有测验、征答表(征求意见并需回答)、观察表三种。

测验适合于收集体育与健康的认知目标的信息;征答表适合于收集学生情感、态度和价值观的培养效果信息。观察表适于收集动作技能的水平信息;征答表和观察表通常适合于收集体育教学过程的不同信息以及进行收集方案使用的条件和限制方面的信息。

（2）设计方案的试用和资料收集

体育教学设计方案的试用和相关资料的收集是同时进行的，其基本步骤有以下几点。

①向学生说明须知

在开始教学前，应让学生知道试用教学设计方案的有关情况，如试用方案的目的是了解设计方案的质量而非被试者的能力，学生不必紧张和焦虑；试用活动的程序和试用所需的时间；学生将参与活动的类型及其注意事项；将收集何种方面的资料以供分析使用等。

②严格实施教学

教学设计方案的教学应具有可复制性的特点，即对第一组被试进行教学后，受试者的学习水平应达到预期的教学目标的要求。对第二组被试进行教学后，也得到了与第一组被试大致相同的教学效果。为此，教学设计方案必须是完整的，必须保证教学严格按照教学设计方案进行。

③观察教学过程

在试用体育教学方案时，应该安排一定的观察者，观察整个教学过程，并做好记录，记录主要包括以下内容。

一是学生提出哪些问题，问题的性质和类型。二是教师是如何处理这些问题的。三是各项体育教学活动花费的时间。四是教师如何指导各项教学内容的学习。五是在整个学习过程中，学生的注意力及主动性如何。

④后置测试与问卷调查

体育教学设计方案施行后会进行必要的测试和问卷调查。测试主要是收集学生的学习成绩资料；问卷调查则主要收集有关人员对教学过程的意见。测验题和问卷表可分开印发，此项活动通常是紧接在教学试行后着手进行，但如果为了了解教学设计方案对体育与健康知识和动作技能的保持是否具有意义，收集成绩资料和测验的时间就应该适当推延。

⑤评价方案的制定

制定设计成果的评价方案是体育教学设计评价中的一项重要的基础

工作,它将详细说明以下三个方面的工作:在体育教学活动的每一个环节应收集何种资料才能确定设计成果的哪些地方是有效的,哪些环节是有待改进的,应建立怎样的标准来解释收集的资料以及评价需要怎样的条件。

4.体育教学设计方案实施的评价

体育教学设计方案制定好以后就进入了实施阶段,只有经过具体的实践才能证明体育教学设计方案是否合理。

(1)实施教学

在教学设计方案完整的基础上,通过对不同组别的受试者进行教学,对受试者的学习水平应达到预期的教学效果(教学目标的要求)进行分析,教学过程中应尽量避免人为因素。

(2)观察教学

在体育教学方案实施的过程中,应该安排一定的观察者观察整个教学过程,并做好观察记录,具体应记录以下内容。

第一,教学过程中各项体育教学活动花费的时间。第二,教师对各项教学内容的组织和安排方法、风格及特点。第三,学生提出的问题的性质和类型。第四,教师是如何处理学生提出的问题的。第五,在整个教学过程中,学生的注意力、态度是怎样的。

(3)后置测试和问卷调查

体育教学设计方案试用后应及时进行某种形式的测验(学生的学习成绩)和问卷调查(学生对教学过程的态度、看法、意见和建议)。以便了解教学设计方案对体育与健康知识和动作技能的保持是否具有意义。应注意的是,收集成绩资料和测验应该在体育教学设计方案实施后适当地推延一段时间进行。

(4)归纳和分析资料

一方面,应认真归纳、整理和分析对学生进行的测试及问卷调查资料,使体育教师充分了解学生在教学过程中的实际表现和感受,以结合实际情况及时调整教学设计方案。

另一方面,教学设计方案评价者可就体育教学执行者教学设计方案的实施作初步分析,对其中存在的一些问题给出相应的解释,或就这些问题咨询、访问教育学家、心理学家、学科专家和有经验的教师等的意见或建议,或与被试师生进行访谈,最后整合自己的分析结果和咨询、访谈结果,对体育教学设计方案进行修改。

(5)评价结果报告

体育教学设计方案的修改不是即时就能完成的,也不一定由原设计者进行修改,因此,需要将试用和评价情况及结论写成书面的评价结果报告。

体育教学设计方案的形成性评价报告应包括以下内容。

第一,体育教学设计方案的名称。第二,体育教学设计方案的试用宗旨、范围和要求。第三,体育教学设计方案的评价项目。第四,体育教学设计方案的评价。第五,体育教学设计方案的改进意见。第六,体育教学设计方案评价者的姓名、职称。第七,体育教学设计方案的评价时间。

体育教学设计方案的评价结果后应附上评价数据概述表、采访记录、有关分析说明等书面材料,以便于后续分析、总结。

三、现代体育教学设计的创新发展

(一)以"以人为本"为设计核心

"以人为本"是体育教学的重要原则之一,不仅对体育教学活动起到作用,还对与体育教学相关的一切事物有指导作用,体育教学设计也是其中一项。

传统体育教学,过于注重传授体育知识或技能的教学设计,课堂教学显得简单粗暴,是一种"重教轻育"的行为。而在新时代下,特别是对素质教育的重新定义后,体育的关键在于"育",而学习运动技术或知识只是育人的一个载体。在遵循以人为本原则开展的体育教学设计工作必定会在设计中关注人文精神在体育教学中的存在意义,使得体育教学不仅仅是一个领域的知识或技能的培养这么简单,而是要成为培养人的良好生活习惯和健全人格的教育行为,因此,体育教育工作者应坚持"以学生为本"进行教学设计。

(二)以"终身体育"为设计宗旨

"终身体育"是现代体育教学的目标之一,这一目标也符合素质教育的要求。因此,在体育教学设计中要将"终身体育"的培养理念融入进来,最终以通过向学生传授体育知识、运功技巧、技能以及方法等教学行为使学生清楚地认识到健康的重要意义,养成良好的体育锻炼习惯,并将其融入日常生活。

(三)注重对学习环境的构建

学习环境是开展教学活动的另类载体。学习环境包括有形的体育教学场地、体育器材等,无形体育教学环境包括体育教学软实力、教学氛围以及校园体育文化等。现代教育学认为学习已经不再像过往那样单纯只是对知识的传输或接受的过程,而是已经将学习的行为认定为需要有强大意志性、意图性、自主性的建构实践。知识和技能的获得需要在个体运用知识和技能的"情境"中得到,因此,为了获得所需知识或技能,就需要为这一目标特别创建与之相适应的环境。

(四)探索并应用新教育技术

现代化信息时代中,支撑信息传输的媒介就是电子计算机和互联网,凭此契机,多媒体技术的发展也日新月异。现代教育技术在体育教学设计中的应用还主要体现在辅助和支持作用上,以此为高校学生自主学习体育课程,进行个性化发展搭建网络信息平台。多媒体教室的建立以及将便携的多媒体终端带到各种教学场所,更展现了现代教育技术在实践中较强的适应能力。这些技术为高校体育教学工作注入了新的活力。因此,要重视研究多媒体在体育教学中的应用,研究适合体育运动特点的多媒体软件,设计出生动形象的画面并运用于教学实践中,从而不断提高体育教学质量。

第六章　高校篮球教学目标基本理论

第一节　高校篮球教学目标与相关概念

一、教学目标内涵

教学目标的具体含义如下:教学目标是预期中教学活动达成的最终结果。高校篮球教学实践过程中,教学目标是参与者们在主观层面对教学活动结果提出的愿望,是对高校篮球教学者在教学活动结束后理应取得的行为状态具象化描述,也是学习者在经历学习过程后所应获得的学习结果。因此,在确定高校篮球教学目标时,其表述应具体而明确,具备可观察性、可测量性。高校篮球教学过程中,要表述教学目标必须使用清晰明确的语言。若出现表述不清的状况,则可能对教学策略、媒体等的设置与采用造成消极影响,并会阻碍高校篮球教学质量的提高及学习者的进步发展。

首先要明确教学目标与大学篮球教学的相关概念,举例来说,要明确并区分教育目的、教学目标、课程目标、培养目标等概念。本章对众多理论研究成果进行了借鉴,在此基础上将教育目的体系划分成为四个不同的层级结构:教育目的、培养目标、课程目标以及教学目标。

在这一体系中,教育目的代指国家提出关于人才培养的总要求或针对受教育者的培养而制定的整体质量规格,是教育活动的出发点与最终落脚点。这展现出了抽象、概括和原则性的突出特点。教育目的抽象概括了教育活动所要实现的最终目标,对把受教育者培养成何种人才做出了具体规定。在我国,对各级各类普通高校教育来说,无论其人才培养处于何种层次、何种领域,都必须以国家提出的总要求为最高准则。

培养目标则将教育目的更加具体化,是各级、各类学校结合教育目的同高校教育性质、任务等提出的,有关学生发展培养方面制定的各种具体标准与相关要求,若要实现培养目标,必须借由课程目标、教学目标的实现才能顺利实现。培养目标被既定社会层次(体育一线教师、篮球教练员等)以及既定社会领域(体育领域、管理领域等)的具体要求共同决定。对比教育目的,培养目标更加具体细致,不同学校有着各自不同的培养目标,由此,培养目标显示出了突出的灵活与层次化特征。在具体内容角度上看,培养目标与教育目的有相似之处,然而其内在本质、核心内容是始终同教育目的保持一致的。但是,涉及具体目标,则需要考虑学校特色、学生发展状况以及培养层次等因素,制定更加灵活多变的培养目标在逻辑关系上,培养目标承接了教育目的与课程、教学目标,起到了承上启下的连接作用。

课程目标代指某门课程教学的总目标,遵循国家在专业课程上制定的教育方式以及相关的指导政策,旨在综合学生身心发展特点,使其在有限教学时间内,完成教师制定安排的各种教学内容,最终取得既定的人才培养成效。课程目标是培养目标的下级概念,传递了教学课程编制者、组织者在人才需要方面的思想诉求。在课程目标确定过程中,课程编制者、组织者更倾向于将其已有教学经验以及当前先进教育思想结合到一起,根据课程逻辑规律、市场人才需求与变化、当下最新教学内容进行调整,并站在教师与学生的教学实践活动角度,考察课程对于大学生发展所起到的作用。

在层次体系图中,教学目标位于最底层,将在其之上的三个层次具象化到了课堂教学过程中,是教师和学生之间教学实践活动的直接目标,学习过程的最初目标,也是每个单元、课程乃至教学环节和活动预期取得的各个具体目标。站在不同角度解读教学目标,理解范畴也会发生不同变化,从课程研发者或教学管理者的角度看,教学目标为学生通过学习活动预期取得的结果;从一线教师角度看,是"施教目标";从学生角度看,是

"学习目标"。

总而言之,教育目的即国家针对人才培养问题制定的总目标,是教育工作长远目标,是全部教学实践活动的出发点与终点;各个高校结合自身特点、性质及具体任务,在目的的指导下提出有关人才培养的细节标准与具体要求;培养目标的顺利实现需要以课程目标与教学目标为核心与基础,而教学目标则是保证上述三层目标顺利实现的具体手段。

二、相关概念的辨析

(一)教育目的同教学目标的关系辨析

教育目的具有方向性,映射了国家总体性、最终化的教育方针与人才培养意图。从某种意义上讲,课程与教学目标、培养目标都是教育目的的具象化,可以说是不同层次的教育目的。可见,教育目的与其他若干概念并非先后关系,而是从属关系,"教育目标"是上层概念,其他概念则是从属概念。

(二)教学目标和教学目的的关系辨析

教学目的与教学目标有着鲜明的外在表现形式。现代教育体系中,无论哪一国家地区、何种学科、学段、课程及课题,在各种教学大纲、教学方案、课程标准、备课计划中,几乎每一部分都包含有"教学目标""教学目的"的相关内容,代表了教学实践活动预期获得的教学效果的特定表述。尽管具体内容各有区别,然而其基本构成要素以及表达方式十分接近。

在某些特定环境下,从概念上将教学目的与教学目标二者区分开来是十分必要的。教学目标被应用于课程或学科,大都应用概括性较高的语言进行陈述。当教师设计教案涉及教学目标时,陈述所用语言更加具体。为使二者有所区分,前者被称为"教学目的",后者被称为"教学目标"。后者目标的价值在使教学方式方法以及媒体的选择及运用更符合实际,教学结果测评更加准确,学生学习更有成效。

三、教学目标定位与取向

(一)教学目标定位

篮球教学目标的定位,根本上说是确定整个教育目标体系中篮球课程目标的位置。站在教学目标体系的整体来看,篮球课程目标一方面受到"教育目的""国家教育方针""体育教育目标""专业培养目标"等目标制约,在另一方面也对其下属的课程教学目标制定起着决定性作用,因此,高校篮球的课程建设要将课程目标的定位问题放在首位。

课程定位必须建立在分析各种关系基础之上,需要在选取课程目标方面把握明确方向,确保课程目标与时代发展相契合,且具有具体性、可操作性、可预测性。

(二)教学目标取向

在大学体育篮球教学目标的取向认识上也必然千差万别。在这里,取向主要代指课程目标表达形式,结合前辈研究成果可知,当前的行为目标、展开性目标和表现性目标三种影响最大,因此,下面从这三方面着手分别探讨。

首先是行为目标。行为目标主要来自博比特、泰勒等人的理论研究,他们提出要通过具体行为对课程目标进行阐述,无论何种类型的课程目标都需要将"行为""内容"两部分包含在内。客观来看,以行为目标为取向制定课程目标有一定的优点,其优点主要表现在具体性与可操作性方面,然而其缺点也十分突出。首先,若用行为方式表达全部课程目标,则很有可能课程向能够明确表达和被识别的要素上倾斜,反而对于测评难度较高、被转化为行为方式难度较高的教学内容则被忽视甚至无视;其次,行为目标将学习看作完整体,从用教学实现学生个性情操陶冶的角度上看十分不利;最后,课程目标制定的原理基础本身,有一定的可能性存在疑问或不足之处。由于在当前情况下,能够被确证同教育过程相关的知识仍旧有限,在教育教学正式开始前就明确规定的目标,有很大可能性在教学正式开展后反而成为与实际发展情况不相适应的内容。

其次是展开性目标。展开性的课程目标取向关注点不在于外部的既定目标，强调的是教师从课堂实际教学发展情况出发而灵活提出的有关目标。同行为目标是相对立的，展开性目标更多地强调了过程展开性的课程目标取向受实用主义、人本主义、学习中心主义理论影响较强。关注生成性学习，展开性的课程目标取向的最大特点在于经验性；从另一方面来看，这种课程目标取向也存在一定缺点，主要表现如下：对授课教师提出了非常高的要求，教师需要能够充分理解学生身心发展特点，要对各学科体系有深入把握，并且要能够具备较强的研究能力；授课老师要做出大量额外的教学工作；学生在知识价值问题上很难做出准确判别。

最后是表现性目标。表现性目标可以说是行为目标批判的另外一种表现形式，以艾斯纳作为主要代表的专家和学者认为，表现性目标有利于帮助教师和学生打破行为目标束缚，为学生提供更多探索机会，寻找能够激发其学习探索兴趣的各种问题。需要指出，表现性目标相对模糊，因而在课程导向作用上的发挥十分有效，更要明确，无论哪一门学科都有着自身特点，在部分学科领域中应用表现性目标，则无法有效确保学生根据其发展需求掌握必要学习内容。

通过对以上课程目标取向的分析可以发现，无论哪种课程目标取向都存在优势，但也各自存在不足之处。行为目标的优点是具体明确、操作和评价性强，缺陷是较难用其表达对学生的品德、个性、思维能力等方面的培养；展开性目标的优点是关注学生兴趣特征、能力发展、个性养成等，缺点是集体课堂教学中需要面对的学生数量多且个性、发展等各种各样，使这一目标很难达成；表现性目标的优点是关注到了学生的独特性以及首创性，缺点是较难使全部学生都完成课程标准基本要求。由此可知，应将三者有机地结合到一起，发挥其各自优势，使展开性与表现性的目标成为行为目标的补充，切忌将三者对立起来。

对于高校篮球课程目标来说，上述三种取向都能够成为参考以及修订最终目标的分析框架。高校篮球教学作为有着突出实践性的课程，关注学生对"三基""多会"的掌握,因此要考虑将行为目标形式广泛应用于教学;而对于学生篮球实践能力的养成问题,展开性目标则能起到更加有效的作用;而教学过程中强调学生创新创造能力的发展,则需要将表现性目标形式考虑在内。总而言之,无论何种目标取向都有着各自不同的优势和缺点,可见,在高校篮球教学的目标设定要特别注意综合考虑,最大程度做到扬长避短。

第二节　高校篮球教学目标创新

一、高校篮球教学目标特征

研究表明,高校篮球教学目标需要建立在认识其具体特征基础上,经过系统全面地分析可以发现,其特征主要体现在如下方面。

(一)指向性特征

高校篮球教学目标对于教学的最终发展方向起着导向和制约的作用。根据系统科学相关理论,不管何种系统、即使输入没有确定,输出也有着或多或少的指向性。换而言之,高校篮球教学系统融入人为、主观条件前,其目标也体现着指向性,并且,上面所述指向性有多种不同发展可能,即可能发展成为多种目标。

第一,促进学生的理论知识水平和实践能力水平,保证学生全面健康地发展,激发学生学习的积极态度。

第二,推动学生在篮球运动上的裁判实践能力的增长,引导学生理解并掌握执裁的尺度,锻炼并使学生掌握编排组织竞赛的能力。

第三,树立学生的篮球运动意识及行为,逐渐建立健康运动的良好习惯,为将来就业和终身篮球意识奠定良好的基础。

第四,培养学生养成遵纪守法、关爱他人、团队协作、服从组织、顽强拼搏、勇于创新、乐于助人、团结友爱的优良品质。

第五,从时代需求出发,培养有创新意识、创新能力、全面综合发展的篮球人才。

在足够的积极条件下,高校篮球教学系统正确、科学地运作将会产生积极的成效。理解并充分掌握高校篮球教学系统的各种功能,在理解掌握的基础上提高系统具体成效,就实现大学篮球教学目标来说意义深远。

(二)制约性特征

从高校篮球教学系统的整体功能来看,篮球课的教学目标是通过各级教学目标逐渐实现最终完成的,因此其受输入条件制约,有着制约性特征。

首先,制定高校篮球教学目标应建立在正确、客观认识篮球教学工作规律的基础上,篮球教学的目标映射了某限定范围内社会或阶级在人才培养方面的渴求。与此同时,社会政治体制及经济发展状况也不可避免地影响和制约了高校篮球教学目标的实现,由此可知,正确、深入地认识篮球教学规律是确定高校篮球教学目标的前提和必要基础,要从时代特点出发,不能越过时代发展规律超前进行,也必须能够适应当代高校篮球教学发展总趋势。

其次,高校篮球教学作为学校教育工作的重要组成,与学校德育、智育教育系统协同合作,在推动学生全面综合发展方面起到了巨大作用,是帮助人才培养质量提高的重要因素。制定高校篮球教学目标是顺利实现学校教学总目标的必要条件,高校篮球教学工作目标的实现,实际上是服务于学校教育目标的,二者呈现出高低从属、上下递进的关系。从逻辑关系上看,学校教育对其下属校内体育有着制约的作用,学校体育教育对体育教学、体育教学对高校篮球教学都有着制约的作用,从整体功能上判断,学校教育大于其所属各组成部分之和。能够明确得知,制定篮球教学目标要综合考虑其具体位置、层次划分、教育系统的制约作用以及体育系统的制约作用等,否则,不考虑制约性特点而制定的高校篮球教学目标必将是片面的。

最后,高校篮球教学目标即教师和学生要通过教学实践活动努力实现的目标,与现实环境息息相关。可知,高校篮球教学目标同样受教学资源、教学地点及季节的特点、教学时长等客观现实因素的制约,因此,制定高校篮球教学目标不能过高也不可过低,应将已有经验和当前具备的条件综合起来,科学分析高效性、可行性。

(三)对立统一性特征

高校篮球教学过程中,不同教学目标的实现要借助不同的条件,因此,教学目标呈现出了对立统一的特性。对立统一的特性通过篮球教学内容选择设置、不同教学内容资源分配等方面表现出来。高校篮球教学实践活动的各个环节都设置有不同的具体教学效果目标;然而,在具体实践过程中,不同的具体教学效果目标并不能被同等对待处理,篮球教学的各个目标遵循着不同的发展规律并表现出了不同的特性。因此,课堂教学过程中必然出现各个教学目标的对立,如知识传播与技术学习、技术掌握与身体素质关注等。换而言之,假设教师将学生身体素质发展作为教学目标,要实现这一目标就必须给予一定的时间安排足量相关的身体素质练习。时间是教学目标实现的基础条件,每一阶段的教学时间有限,素质练习占用比例增加,其他教学内容所占课堂时间比例必然相应减少,则其他教学目标的实现过程必然受到限制,反之同样如此。

需要注意的是,高校篮球教学目标的实现在显示出了对立性的同时,也存在着统一的特征。举例来说,加强学生集体主义观念,能够相应提高其自主学习积极性与组织纪律性,学生若能够做到严谨自律、积极主动、团结协作,一方面能够确保正常教学秩序,从另一方面来看,无疑也能够对其他教学目标的最终实现有所帮助。提高学生在篮球上的理论知识水平,其在身体练习中的质量也会得到相应提高,篮球运动是按照既定理论指导而开展身体练习的,学习、理解、掌握科学篮球锻炼的理论知识与方法,有利于帮助实现篮球训练、篮球教学目标,保证教学成效。改善身体并提高综合素质能力,能够帮助学习并掌握篮球理论知识以及各种运动技能。篮球运动抽象理论知识以及各种实践技术、技能的创造形成和发展,都必须以良好的身体条件做基础,对于任何体育运动而言都是如此,基础条件越优秀,对篮球理论知识以及技术技能的掌握就越高质高效。提高篮球运动的技术能力能够帮助学习者增强体质。学生具备了篮球运动技术,才能更好地展示其自身的协调能力,运动技术能力的发展,能有效改善篮球教学,使学习者体质、心智得到培养。

篮球教学各目标是统一的整体,彼此之间相互促进,相辅相成。因此,对高校篮球教学目标的研究与制定,要立足当下,牢牢地把握高校篮球教学目标体现出的主要特性,顺应时间先后顺序使各种目标相辅相成,在彼此的相互作用中获得统一。

二、高校篮球教学目标创新原则

高校篮球教学目标要实现顺应时代发展的创新就不能随意实施,必须按照要求进行,换而言之需要以科学原则为指导,以确保目标创新进行得高效、顺利。客观分析高校篮球教学目标的内容及落实方式,可以得出如下结论,高校篮球教学目标的创新应在科学性与主体性、系统性和多元化四个原则指导下进行,下面对四个原则进行详细分析。

(一)科学性

设置大学篮球教学目标,应首先遵循科学性的基础原则。高校篮球教学目标的制定,只有严格以科学性原则为指导,保证自身科学性,创新才能真正体现出其价值,缺乏科学的基础保障,高校篮球教学目标就将同教学实践相脱离,真正教学目标的创新和发展更是无从提及。

首先,坚持科学性原则要从联系社会生活出发,要能够满足社会的人才需求。教育教学的核心价值是为社会发展服务,这一价值是借助培养社会所需要的人才转变为现实的。高校篮球教学是实现教育教学的方式之一,教育者必须承担教育职责,才能实现教育价值。因此,高校篮球教学需要从实现小目标开始,循序渐进,最终实现社会需求的核心目标。

其次,坚持科学性原则要充分考虑学生的实际情况,科学选择教学内容。高校篮球教学目标的具体制定需要从教学内容性质出发,例如,团队协作能力培养的教学目标,需要与教师技、战术设置以及学生领悟战术意识的内容相配合,引导学生感受教学目标生成过程。

再次,坚持科学性原则要关注学生身心全面协调发展,要兼顾学生认识态度、情感性格等特征及其变化教学目标的制定要适时适度,以学生"最近发展区"为参考标准确定教学目标,如果目标水平太低使其达成难度太低,则学生很难获得学习成就感;如果目标水平太高使达成难度太高,则学生学习的积极性容易遭受打击而产生厌学心理,上述两种情况都不适合学生发展,需要避免。

最后,坚持科学性原则要确保目标的高度可操作性。实际教学中,部分篮球教师较为容易出现如下失误,将教学目标设置过高,导致其抽象广泛,学生必须对其"仰视可见",从而产生了不必要的敬畏感,并很大程度上削弱了操作性,事实上是对其操作意义的忽视,这对于高校篮球教学目标的创新设置是十分不利的。需要认识到,实践性本身对于顺利实现教学实践活动来说是不可或缺的重要元素。因此,对于高校篮球教学的目标创新来说,实践性同样也是保证其良性发展的重要元素。

(二)主体性

高校篮球教学中,教师和学生都是主体,教学目标的构建也是围绕学生身心全面发展的中心实施的,因此,教学要坚持突出学生作为教学主体的存在,着重激发学生在教学过程中的主观能动性与创造力。当然,主体性是相对于而言的,传统高校篮球教学将教师与课堂书本作为系统中心,而实际教学活动过程中,往往极易出现学生的教学主体缺失现象。因此,教学创新需要坚持主体性原则,目的在于更好地激发学生参与教学的积极性,引导学生在主观层面对高校篮球教学产生积极情感,更好地完成学生身心全面发展以及以人为本教育的目的。这里需要强调,主体性原则强调学生在教学过程中的主体地位,但教学主体不等同于学生主体,同时也需要将教师主体包括在内,不能与传统教学同样陷入局限性误区,肯定一方面否定另一方,坚持非此即彼,而是需要明确并肯定教师以及学生的双主体地位,从而更好地提高高校篮球教学活动的品质。

高校篮球教学旨在培养学生知识技能、情感态度及价值观等,必须有学生的参与,作为教学创新的重要组成部分,高校篮球教学目标的改革必须坚持主体性原则,保证学生能够参与教学全过程的每个不同环节,从教学目标的制定到实施再到评价等。

根据大学体育教学目标的内容,篮球教学目标的制定要实现创新性发展,应始终贯彻主体性原则,要做到兼顾学生共性及其各自独有的个性,保证学生个性和共性的共同发展,真正实现将学生发展作为立足点。以大部分学生共性为立足点,要科学、合理制定稳定、具体、处于大部分学生最近发展区的篮球教学目标;以学生个性为立足点,一线授课教师要做到胸有成竹、未雨绸缪,能够对教学目标全面掌控、灵活调整,使全部学生都能在共性得到发展的基础上,展现出与众不同的个性,实现学生全面、个性化发展。

(三)系统性

高校篮球教学目标是有机化、整体性的系统,包括课程、单元和课时目标三个组成部分,每个组成部分之间在横向上彼此联系,且在垂直纵向上彼此相关,有机结合在系统整体中不可分割。可以说,高校篮球教学目标的创新本质上是目标系统的整体性创新,而随着整体创新的进行,各组成部分、目标要素也必须随之改变,自身也发生创新改革,以各系统要素相互之间的和谐有序来对整个系统起到支撑作用,才能确保整个系统的正常发展运作。

从纵向上观察可以发现,从课时目标到单元目标再到课程目标,三个组成部分之间呈现层层递进的上下级关系。换而言之,课程目标对于单元目标的确定与具体实施起着一定程度的决定性和制约作用,同样,单元目标又对课时目标的确定与具体实施起着一定程度的决定性和制约作用,整个系统中,下级目标在上级目标的指导下逐步具体化,并最终通过教育教学过程转变为现实,从横向上观察可以发现、坚持系统性原则意味着篮球教学需要建立在与其他学科的优势整合上,与其他学科保持紧密联系,而不能将其机械地分离。例如,不能将计算机部分的学习内容等同于教会学生如何使用计算机,如何利用所学知识应对考试,这样做反而忽视了学习本质。要借助计算机部分的学习内容培养逻辑思维能力,确保学生掌握了知识和技能,能够自主运用计算机技术来解决篮球学习中的各种问题,能够站在信息技术角度审视篮球运动学习并从中发现与信息技术相通的博大智慧,产生对篮球学习的兴趣,促进心智的发展。总之,教师需要在最大程度上将"知识技能、过程方法、情感态度价值观"的三维目标同大学篮球教学每个阶段的具体教学目标融合起来,促使学生将知识顺利内化并融会贯通,在各方面的能力都获得发展。

高校篮球教学目标的创新发展,要时刻坚持系统性原则,站在系统化、整体角度对大学篮球教学目标的改革进行审视,使学生能够对学习目标的任务及发展方向有更加清晰、明确地把控。在此基础上,学生能够借助大学篮球教学目标的导向性及时调整其个性化学习目标,对学习进度做出准确掌控,通过这种方式学生拥有了更多的学习主动权,而非完全在授课教师掌控之下、按教师意愿开展学习活动。循序渐进地把被动学习由此转化为主动学习,主动学习转化为创新学习,将学习、训练切实转化为推动学生个体发展的必要方式,而非为应对考试不得不承担的负担。

(四)多元化

社会发展对于人才需求的多元转变,也决定了高校篮球教学目标必须向多元化转变。

首先,要将高校篮球教学的教育、发展和实质三方面目标有机融合起来,保证其能够落到实处。教育方面目标代指通过高校篮球教学开展面对学生的全面性教育,使其构建起正确积极的世界观、人生观和价值观;发展方面目标代指通过高校篮球的教学,推动学生身心健康的培养;实质是通过高校篮球教学,引导学生领会并掌握篮球知识与相关技能。

其次,要将高校篮球教学同学生生活实际有机融合起来,严禁教学和生活之间的割裂。大量教学现状证明,当前很大一部分学校固守传统篮球教学模式,未能充分认识到学生生活、兴趣对于学习的意义。学习从本质上说是推动学生社会化发展的重要途径,将教学和学生生活分割开来,无疑不利于学生社会化发展。因此,要重视教学和学生生活的有效联系,使学生能够在篮球运动的技能、知识方面学有所得,并同时能够在社会生活上获得一定发展,培养与社会生活相适应的多元人才。

再次,要将人文主义与科学主义有机融合起来,确保学生在习得篮球技、战术的同时,有机会在全面性、多元化空间中得到发展,实现各方面能力的增强。保证科学主义意味着学生所学技能、知识的真理性,学习内容属于人类认知中基本确定的正确的部分;保证人文主义意味着重视学生的学习主体地位,确保学生全面健康发展,在知识技能、生活情感、人格审美、自我实现等诸多方面得到培养。

三、高校篮球教学目标的创新改革策略

高校篮球教学目标的创新改革策略,即以高校篮球教学目标创新的顺利实现为目的,在理论与实践上制订和实施的相关计划及系列行动。在反思旧有高校篮球教学目标弊端的前提下,应依照科学教育发展观指导,严格遵循上述目标创新原则,站在教学目标实践主体角度上,制定以学生为本的策略;站在教学目标构建与具体实施角度上,制定教师与学生的共同转变策略、突出整体性策略和强调过程性策略;站在教学目标内涵角度上,制定多元评价策略。

(一)以学生为本

坚持以学生为本的原则,即将高校篮球教学根本任务落在学生的全面发展上,以学生为本的策略在当前高校体育教育课程创新改革中处于核心地位。在教学过程中,以学生为本的策略要求必须重视学生在教学

全过程中的主体作用,授课教师要始终坚持把满足学生学习需求与多元化人才培养需求当作一切教学活动的出发点,使课堂归属于学生。在教学活动中,教师要开放思想,根据实际教学条件创设具有启发性的教学情境,引导学生积极融入教学情境中去,开展与教师及其他同学的交流协作,勇于质疑、探究教学内容、学习方法,由以往的被动接受真正转变为主动探索。高校篮球教学要实现创新改革,必须首先坚持"以学生发展为本"的基本理念,将学生包括创新精神、实践能力等在内的多方面综合素质的提高作为教学重任,牢记学生同样是高校篮球教学目标的实践主体,教学最终的目标需要落实到学生的全面发展上来。

坚持以学生为本的原则也就意味着必须在高校篮球教学活动中将学生的主体地位充分体现出来。篮球教学中,学生对教学各个环节的广泛参与是实现其主体性地位的最主要方式。因此,在课程正式展开之前,教师必须精心设计各个教学活动、教学环节,根据学生实际发展情况科学地制定教学方法、明确教学内容。作为一线篮球教师,要着重注意如下方面:首先,必须严格在教学大纲的指导下,依照规定的教学要求及内容,寻找并明确与当前形势下最适合的教学模式,站在"学"的视角上审视并设计教学。其次,教师需要在篮球课堂上创建相对民主的氛围,为学生提供时间和空间上的相对自主性。高校篮球教学各个环节的设计,要始终坚持围绕学生的教学主体地位进行,通过提供时间、空间上的相对自由发展空间,刺激学生产生教学活动的参与积极性。高校篮球教学设计的创新改革,能够通过以学生为中心的教学活动的改革得到充分体现。相应的,教师的角色地位及其所起到的作用也需要伴随学生学习活动的改变而相应调整。举例来说,教学课程正式开展前,篮球教师需要在准备活动中为学生做出正确示范,用适当引导确定学习方向,课程进行过程中要不停地巡视,观察学生各自学习情况,对学生出现的学习困难提供适当帮助,出现的学习错误予以及时纠正;教学活动之后篮球教师要认真检查教学活动完成状况,站在整体角度总结教学过程中出现的主要问题,解答学生的学习疑惑,充分发挥教师在教学过程中的主导作用,突出学生在教学过程中的主体性作用。

　　坚持以学生为本的原则,最大限度地推动学生不断地进步,需要从主观层面出发,使学生产生主体情感,构建主体发展的学习氛围:首先,授课教师要重视学生情感,在具体的教学活动中,建造并灵活更换教学情境,创造轻松愉悦的教学氛围,为学生创造积极的学习情感体验。从教学实践角度上来讲,课堂中学生的情绪受教师主导,良好教学氛围的构建需要教师保持积极向上的教学心态,在此基础上为学生带来积极的情绪影响。其次,篮球教师应转变传统观念,改变传统教学中教师的主导地位,积极拉近与学生之间的距离,消除师生之间的陌生感,充分尊重学生,构建积极活跃、平等交流的学习氛围。与此同时,在教学过程中,教师要关注学生的进步,及时予以表扬,坚持引导和鼓励,让学生能够切身获得成功体验,从中产生更多学习的动力,同时也增强自主探索学习的自信心,在内在层面以主动、积极情感对教学活动产生认同感。

　　坚持以学生为本的原则,意味着在关注学生身心全面发展的同时,同样要重视学生的创新能力、创新精神等方面的提高。具体教学过程中,以具体的创新型目标为指引,篮球一线教师需要从学生课堂表现及变化出发,有目的性、针对性地进行灵活掌控,保证对学生的严格管理,同时适当创造自由空间,使学生有更多对大学篮球教学的自主探索机会,引导其养成自主发现问题、解决问题的良好学习习惯,适当鼓励学生创新思想方式、用独创性思想观点解决学习中的各种问题,为学生创新思想的培养及提高创造性有积极的影响。"以学生为本的策略"在教学目标的创新中极为重要,在明确教学目标的内容、具体制定教学目标,以及实施教学目标,都坚持以学生为本的策略,才能最大限度地保证高校篮球教学创新改革的顺利实施,确保教师教学活动的实效性,推动教学目标顺利转化为学生学习目标,使学生真正认识到学习对自身发展的价值,将学习当作人生乐趣。

(二)教师与学生的共同转变

　　在体育教学改革进行过程中,对于篮球教学来说,无论是教师还是学生,都需要明确认识到自身在教学过程中的角色作用,顺应时代需要对旧有角色认知进行更新转变。篮球教师要从教学主导者、掌控者转变为教学引导者,在传统教学中教授理论知识、技能的单一职能,成为学生学习过程的参与者及促进者;学生在传统教学过程中由被动接受知识的地位,转变成为教学的主动参与者与学习的创新开拓者。在高校篮球教学活动中,每个不同环节,要更好地实现,都必须由教师与学生互动协作、共同参与、协同实现。高校篮球教学目标的创新改进,需要对传统意义上教学目标制定做出改变,不能由教师依照既定教学大纲单独决定,教学目标的制定同时也要适当增加开放性,引导学生参与其中,丰富、充实教学目标。事实表明,使学生参与到教学目标的确定过程中,能给予学生机会,根据自身发展需求适当调整教学内容,使学生在主观层面上的被重视感受有所增强,树立学生主人翁意识、学习主体意识。

(三)突出整体性

传统教学模式中,和众多其他学科教学相同,高校篮球教学也具有或多或少的应试性目的,尽管为适应时代发展,篮球教学提出了对学生在情感智商、技能及精神意志等方面培养的新目标,然而教学实践过程中却往往难以落实到位。在学习过程中,学生更习惯于将学习重点放在知识掌握和技能强化等与考试规定相关的内容上,换而言之,当前学生的篮球学习大都将考试作为终极目标。所以,要实现篮球教学目标的创新发展,切实提高教学质量,就要打破传统教学的限制,使学生明确其发展所需,有能力在整体层面对学习目标有明确认识。通过这种方式,一方面让学生对即将接触到的学习内容预先把握、整体感知,有准备地接受教学,从实际教学内容中总结出与自己相适合的科学学习方法,掌握自主发现问题和解决问题的能力;另一方面,充分发挥教学目标的导向作用与激励作用,以学习目标的明确为基础,不断增强自身学习动力,学习目标的完成效果也就得到了相应的提高。

整体上分析,不同层级高校篮球教学目标需要采取不同方式呈现出来。总目标大都适合在开学之初课程正式开展前向学生展现,可由教务处或一线篮球授课教师将教学目标绘制成简洁、生动的表格、图示等直接呈现给学生,借由这一呈现,学生能够对篮球教学课程特点、框架以及整体结构做出全面化、系统性掌控,对篮球课程学习内容以及培养的能力做出预判。单元目标适合在单元讲授前向学生展现,可由一线篮球教师将教学目标制作成目标图的形式呈现给学生,为学生预习提供指导借鉴。课时目标为高校篮球教学各个课时实施的具体目标,其呈现方式多种多样,教师可在课程正式开展前列出既定的具体目标,使学生能够站在更高一级对学习方向有更好的判断。此外,一线篮球教师也能够在教学结束、开展教学总结时,再次呈现教学目标,帮助学生更好地开展阶段学习后的总结工作。

(四)强调过程性

教学观念发生了变化,在最新教学观念的指导下,教育实验研究广泛开展,在总结了实验研究成果的前提下,广大教师从不同层次、不同角度对篮球教学目标价值取向上进行了积极有效的探索研究。对旧有的突出篮球基本知识、基本技能的"双基"的价值取向上进行了丰富和改变,在重视"双基"的基础之上,增加了对生活经验、创新思维能力、精神情感的关注,使高校篮球教学目标价值取向同样发生了多元化的转变。由以往单一强调知识、战术的灌输性教学到强调学生认知、情感等多方面共同发展,这种转变说明了当前我国篮球工作者们认识到了促进学生全面发展的重要意义,高校篮球教学价值取向的多元化进步,促使教与学活动向着多样和丰富性转变。在通常情况下,"双基"教学目标有具象化特点,能够被较为容易地测量,因同应试教育需求的契合性,而长期受到各学校、教育工作者们的高度重视。相对的,其他的目标无法被清晰量化,其效果取得也并不明显,然而其对于个体发展不可或缺,随着教学过程的推动和教学情境的改变、教学内容的逐渐升华,除"双基"之外的其他目标在潜移默化中逐渐形成。推断可知,高校篮球教学中,既定的目标不能涵盖所有目标,而是在教学活动的发酵下逐渐超越其原有意义,伴随教学过程不断生成和发展。

通过调查篮球教学发展现实状况可以发现,教学目标已超越了传统概念,开始发生了质的改变。当然,这改变具有顺应教学发展的合理性。篮球教学的不确定因素较多,其中,主观性最强、变化性最大的因素为作为教学主体的人(教师及学生),要保证学生发展得综合全面、健康长远。教师及学生需要按照教学环境、内容及形式等其他因素变化而相应做出调整,保证整个教学系统运行的和谐,尽最大可能创造所有机会为学生提供更加健康的教育成长环境。

第三节 高校篮球教学目标的路径构建

要提高篮球教学实效性,正确陈述教学目标是必要条件,以借鉴国内外教学目标分类研究价值为基础,学习、掌握高校篮球教学目标陈述基础要求是十分必要的。

一、确定教学目标

高校篮球教学目标是教育目标、目的的具象化确定,篮球授课教师要根据课程教学内容保证教学目标制定得科学合理,要考虑到学生身体素质发展状况,也要考虑学生情感认知发展状况。在教学实施过程中,要关注三种教学目标的产生与总结,有计划性、有针对性地将学生的注意力放在实现教学目标上,用实现学习目标激发学生参与学习的兴趣;此外,学习并掌握篮球技术、战术,必然需要时间与精力进行积累,使技术动作从分化逐渐过渡发展到自动化,这就意味着学生从初次接触到深入掌握某技、战术内容,可能要花费数节课的时间。如在理论知识的初步讲授阶段,陈述性或是程序性理论知识,教学重点都相同,即学生理解理论知识,相对应的,高校篮球教学目标同样是理解。在理论知识的巩固内化阶段则有所改变,这一阶段在陈述性理论知识讲授上,教学重点在长期保持理论知识上,而高校篮球教学目标为学生记忆运动理论知识。在程序性理论知识讲授上,教学重点在使学生内化理论知识上,而高校篮球教学目标则是使学生熟练掌握各类技能。

二、教学目标的系统平衡

高校篮球教学目标是由包括动作目标、认知目标、情感目标等在内的各式目标集合而构成的系统,庞大且复杂,且此系统时刻处于动态变化过程中,每个目标彼此作用、相互影响、此消彼长,因此,需要对高校篮球教学每节课的目标做出适时把握,保证不同目标相互之间有效地促进,而非相互制约,确保目标系统的平衡。

篮球教师在每节课程正式开始前,认真研究课时中最主要和基本的教学目标,从预期教学目标出发针对安排教学方法、选择教学内容,力争事半功倍。举例来说,篮球教学预期目标为:能够讲解篮球运动进攻中有关挡拆战术的基本要领与要求,并演示出来,预期目标中包含有诸多内容:掌握并能够演示挡拆战术、进攻方基本要领、防守方基本要领等。要确保预期教学目标的整体实现以及各小目标的平衡,大学篮球教学过程中,授课教师需要从以下几方面出发做出最大程度的努力。

第一,从总教学目标出发,明确本节课的最基本、最主要的教学目标。确保学生通过本节课的学习,至少能获取"一得",按照"一课一得,得得相连"的规律,在各个课程的点滴积累过程中,最终能够自主构建篮球学科的知识框架,形成知识体系。

第二,不能忽视教学目标的层次性:例如,就部分篮球运动规则的学习来看,概念是先决条件,教学目标的设置和完成不能主观跃进,需要坚持层层递进,逐渐实现。

第三,平衡认知领域目标同情感动作技能领域目标。举例来说,在篮球运动裁判规则的课堂教学过程中,部分学生乐于充当裁判角色,因此对这一部分学习表现出浓厚的兴趣,积极听讲,认真实践,在知识技能和实践能力上进步迅猛;部分学生只对篮球运动技能的学习感兴趣,并不喜欢裁判规则部分内容,若大学篮球教师在教学过程中,仅关注篮球技能上的教学,而忽视学生在篮球运动上的参与性,其教学效果必会大为失色。

第四,教学目标数量、水平必须符合学习规律。心理学领域中,在注意稳定性上的研究提出:过长时间保持对同一类事物的注意,易使人产生疲劳。且有关记忆的研究指出:对于难度较高的运动技能、知识材料,分散学习相对于集中学习来说得到的最终效果更好。

三、教学目标分类研究的教育价值

高校篮球教学的实践过程中,相当一部分人未能对教学目标做出正确陈述,具体表现在如下方面:

首先,一味追求"目标陈述",对目标知识类型不甚了解。这一问题广泛出现在当前高校篮球教学实践中。很大一部分篮球教师仅做到了从篮球学科教学的角度出发,简单粗暴地提出教学目标,例如教师在某节课(某单元)的学习过程中,提出了如下教学目标:使学生掌握篮球行进间急停跳投技巧,掌握急停跳投基本教学原则,能够在实践过程中熟练应用此技术。然而由于未能深究或很少意识到深入思考的必要性,教师对其所述目标知识应归属哪种类型并不明确,对要实现以目标需要为学生创造何种教学环境并不清楚。

其次,自顾自话,仅从自身语言体系出发,按照教师个人习惯陈述篮球教学目标。例如有的篮球教师提出了会"用、学、教"的"三会"课程教学目标,表述简单,在教学指导以及帮助教学实效性提高上的效用低微,往往目标制定者自己没能够依照目标指导开展教学,而是采取了简单应付的应对方式。

再次,陈述篮球课教学目标的方式过于抽象空洞、难以理解,例如提出"养成团队协作能力""树立队友支持精神""能够分析球变幻莫测的复杂局势"等目标。

最后,用"教师通过何种行为,达到何种标准"的套词陈述目标,或粗暴搬用教学大纲或课程标准中提出的教学目的任务作为篮球课教学目标的陈述,缺乏针对性、创造性和实用性。

以教学目标分类为对象的研究广泛开展,国内外众多教育专家学者在此研究上获得的丰硕成果使篮球课教学目标现状的改善有了坚实的理论基础,对一线授课教师来说,教学目标分类研究价值主要展现出如下方面。

(一)强调有效定性

教学目标分类理论的存在使授课教师具备了科学化确定教学目标的能力,通过学习借鉴,教师能够对教学目标进行更好掌控。篮球课的教学目标对具体教学工作的开展产生了针对性的指导和推动作用,因此,编写篮球课教学目标是一线授课教师在教学设计环节中的常规工作,绝大部分篮球教师都在篮球课教学方案中制定了"单元教学目标""课时教学目标"等有关教学目标的内容。但也必须承认,大多数篮球教师对自己制定的教学目标的性质其实并不了解,教师大都将关注点落在教材中需要讲授的具体内容上。例如,部分篮球教师有这样的记录:在本次课程教学中,学生"对篮球运动裁判法规则有了初步掌握,在执裁能力上有所提高"。然而,从知识类型上看,裁判法规则属于何种性质、需要何种学习条件,大部分教师没有清晰认识,也并未进行深入研究。因此导致如下现实问题的出现,教学实践将教学活动等同于"教教材",在规定教学时间内完成教材讲授视为完成教学任务,就认为教学目标也已经达成。有了教学目标理论做辅助,这种不利情形则能产生极大改善。在开展了科学分类的前提下,教师能够在知识内容、认知过程维度类目理论指导下加深理解各类目内容,顺利定位教学目标。

同样以"对篮球运动裁判法规则有了初步掌握,在执裁能力上有所提高"的教学目标举例说明问题,加涅的学习结果分类理论认知学习结果分三种:言语信息、智力技能以及认知策略三类。在这之中,智力技能被分为辨别、概念、规则、高级规则等若干小类,根据复杂程度的不同描述了学习者心理发展由低到高的过程,掌握规则的学习者完全能够用相同类别的行为解决相同类别的问题。显而易见,"篮球运动裁判法"的学习是规则学习,成功的学习者能够沿相同步骤顺利实现性质相同、相似的裁判活动。以布鲁姆的认知目标二维新分理论为指导,也能够有效帮助加深对篮球教学目标的认识。"掌握"一词经常被一线篮球授课教师使用和提及,但这一词汇包含有多种不同理解方式,不同理解方式可能影响学习过程并最终产生不同学习结果,例如应用、举例、记忆等。对大学篮球教学来说,对篮球运动裁判法有"掌握"、学生执裁能力有"提高",意味着要求学生达到"执行""实施"的发展水平。借鉴认知目标二维新分类理论,"执行"与"实施"在认知过程维度框架中隶属于三级水平。在理论解释中,"程序性知识即怎样做事的相关知识,包括具体篮球技能及理论知识、使用程序性知识的恰当时机、篮球技术战术相关理论知识"。由此可以推断出,对篮球运动裁判法规则有了初步掌握,在执裁能力上有所提高应该归属程序性知识。可知,按照认知目标二维新分类框架的理解,上述教学目标涉及"程序性知识"与"应用"。

从上述分析可以发现,篮球教学目标属于程序性知识,学生需要通过"执行"规则来证明其已经实现了相应知识的掌握和内化。如安德森曾经提及的,如若对框架中各类目的具体含义有所掌握,清晰了解这些目标也就轻而易举,正如将动物归纳到种系框架中能帮助更好地了解动物一样,将教学目标归纳到框架之内能帮助我们更好、更深入地理解目标。

(二)注重有效适配

对教学目标的科学分类能够使一线教师明确知识类型,根据类型的不同选择更有利于增强学习实效性的教学与评估方式。在此处代指目标、教学以及评估三元素对应一致。很多专家学者都对上述对应一致的思想有着精辟研究。举例来说,尽管学科有所区别,但其各自学习结果有着一致性,而就相同学科来看,也有着不同教学结果,因此资源有效配置具有必须性。首先,目标类型不同,在教学方法上的要求也有差别,即在学习活动、课程材料以及师生角色上都要有所区别。其次,尽管学科、课程有所区别,但目标类型相似也可能需要相同的教学方法,不同类型目标提出了差异化的评估方法,相似类型的目标则提出了相似的评估方法。

我们依旧将"对篮球运动裁判法规则有了初步掌握,在执裁能力上有所提高"教学目标当作范例来阐述目标、教学、评估三者的适配一致性问题。根据加涅学习结果分类理论来看,"对篮球运动裁判法规则有了初步掌握,在执裁能力上有所提高"的字面含义显示这一目标是关于篮球裁判规则的学习,然而目标的陈述并未就篮球授课教师需要提供何种技术、理论支持等问题做出明确阐述,"掌握、利用规则"要求教师在教学过程中按照如下方向开展努力:①必须使学生能对篮球裁判规则和其他体育项目裁判规则间的不同有明确掌握;②必须确保学生将篮球规则熟记熟背;③必须使学生掌握判别比赛各种情况的能力,掌握规则实施尺度。因此,篮球教师在教学过程中需要适当创造更多的实训机会,通过实践锻炼学生在知识掌握和运用上的能力,发现理论知识和实践的差距,弥补将理论知识转化为实践能力的不足。按照布鲁姆的认知目标二维新分类框架来分析"对篮球运动裁判法规则有了初步掌握,在执裁能力上有所提高"教学目标,可以发现这一目标是"程序性知识"与"应用"两部分的交集。从这一发现中可以推知,不论何种具体目标,都能够这样开展教学活动:①明确程序性知识相关基础概念;②明确具体技能及抽象知识;③学生创造执裁机会,使学生在处理比赛突发事件、应对赛场多变形势上的能力有切实提高,保证并提高教学效果。除此之外,可以将评估形式设置为课堂上的更多执裁机会,确保学生在裁判过程中能够得到科学、适时的指导与帮助。

(三)提供共同标准

国内外教育专家在教学目标分类理论上取得了重要研究成果,其另外一层价值在使教研活动具备了基本词汇与共同标准,推动了研究者们彼此交流的机会。教学实践过程中经常出现此类陈述:"通过本节课学习,确保学生掌握……或理解……",然而类似此类词汇主观性十分明显,不同教师思想意识中的"掌握""理解"标准很有可能大相径庭。可能有部分教师认为,有能力复述出教材中的相关概念即为理解;部分教师可能认为自己组织语言正确阐释相关概念才是理解;还有部分教师则可能认为只有能从正反两方面列举案例进行详细阐释才是真正的理解。显而易见,在个体认知发展过程中理解要远远超出回忆,要定义理解,就必须用被广泛一致认可的基本词汇作为共同标准。

(四)目标陈述两种技术

正如前文分析得知,目标陈述对高校篮球教学的有效性有着十分重要的影响,在篮球教学实践过程中,很大一部分篮球教师有困惑而较难解决的重要问题。在过去的教研活动中,心理学家们在目标分类理论的研究方面取得了显著成绩,同时针对实践层面也设计出了具体的方法,影响性最为广泛的是行为目标陈述法以及内外结合表述法。对比来看,前者的关注点在行为学习观,强调利用能够测量、观察的相关方法对教学目标进行阐述;后者的关注点在认知学习观上,强调学习过程中学生内在心理变化发展过程。

1. 行为目标陈述法

"行为目标即能够被可观察、可测量行为所陈述的目标"。1962 年,在行为目标研究上取得了卓越成就的学者马杰提出,教学目标中有关行为目标的陈述需要涵盖如下要素:①阐述学生能力范围(例如"在篮球比赛执裁过程中应用篮球裁判规则"),②阐述学生在任务完成过程中可以拥有的条件(例如"独立完成裁判工作"等),③明确学生目标实现的评判标准(例如"执裁正确率超过 90％")。

马杰提出的行为目标陈述法使传统教学方法中目标陈述过于模糊的弊端得到了有效改善。举例来说,过去篮球授课教师经常提及"在教学过程中提高学生执裁能力",然而何种程度的表现能够被视为具备执裁能力?各人理解不尽相同。若将马杰行为目标陈述法引入目标陈述当中,则篮球课教学目标可被精确发展为:"能够独立完成裁判工作,在篮球比赛执裁过程中应用篮球裁判规则,执裁正确率超过90％。"这样,具体、清晰的教学目标能帮助教师、学生对学习目标产生明确认知,知道自己所需要教授、需要学习的是什么,知道自己所需要重点学习、着重强调的是什么。

2. 内外结合表述法

行为目标使传统教学模式中陈述教学目标过于含糊的缺陷得到了有效改善,但从另一个方面来看,其着重突出学习者行为结果,反而未能关注其内在心理过程的变化发展,用行为目标表述法有很大可能导致篮球授课教师将关注点局限在学生外在行为上未能重视内在层面、能力情感等的发展变化。因而会无法避免地使用到诸如"掌握""理解""体会"等有关内部心理的描述术语。甚至部分篮球教师承认,喜欢如"掌握篮球技术运用方法、培养学生能力、体会团队协作情感"等语句,是一种习惯。但是,客观评判,与内部心理相关的描述术语并不能够对教学目标做出相对准确的陈述。举例来说,当大学篮球教学目标为"学生能够理解'篮球文化'概念"的时候,不同教学活动参与个体就"理解"一词就有着程度不同的解读,很难有统一、确切的含义界定。能够借助教科书内相关定义解读"篮球文化"可以是"理解",能够凭借自身经验和认知,使用个性化语言解读"篮球文化"可以是"理解",能够用具体事例陈述或针对篮球文化建设提出科学建议同样也可以是"理解"。明显的上述多种不同程度、不同层次的"理解"其实是回忆、解释、举例与运用等不同认知水平的映射。以传统陈述方法以及行为目标陈述法的缺陷补充为出发点,1978年,格朗伦在《课堂教学目标的表述》中提出,可以采用内外结合方式开展对教学目标的陈述——用与内部心理过程相关的描述性术语陈述学习目标,来反映诸如理解、分析、欣赏、创造等内在层次的心理发展变化,后用列举的方式进一步解释内在变化,通过举例使内在心理的发展变化能够被观察与测量。即结合内部过程与外显行为的教学目标表述方法。

(五)目标陈述基本要求

1. 教学目标的陈述必须是学生最终的学习结果

对这一要求进行的阐述主要可从如下三方面进行:首先,大学篮球教学活动中,教师与学生是行为主体;其次教学目标映射内容学生在经历篮球教学活动后,其认知与行为上的发展改变,而非学习内容;最后,大学篮球教学测验及评估不等于目标本身,仅是目标评估手段。总而言之,大学篮球教学目标描述对象是学习结果——预期中学生习得成果、预期中学生实现的发展和变化。

高校篮球教学实践过程中,经常出现结果、内容、手段三者相互混淆,主要表现分为以下几点。

其一,将篮球教师在教学过程中的活动等同于教学目标使用。例如,"对学生开展篮球技术、战术实践训练""引导学生切身体会技、战术实践过程中优秀运动员的感情思想"等,在教学实践当中,作为教学目标出现都十分常见。

其二,将"学生学习篮球技术动作"等同于教学目标。

其三,将高校篮球教学评估、测试的通过等同于教学目标,例如"使学生裁判能力达到国家二级篮球裁判员标准"。

种种错误产生的原因都在于将高校篮球教学活动等同于教学目标,将高校篮球教学的学习内容等同于学习结果。这种错误的认知给篮球教学带来了不良影响,误导授课教师,使其以为成功的教学即按照高校篮球教学大纲要求实施篮球课堂教学、将高校篮球教学大纲中规定的内容作为全部教学内容,认为只要学生能够通过国家二级篮球裁判员考试,能够取得相应等级证书,就说明篮球教学目标得以达成,然而事实与其相距甚远。事实上,高校篮球教学大纲中明确提出的"教学要求"是最基础要求,规定了篮球授课教师限定教学时间段中为完成目标所应做到的基本教学行为,其行为对象为授课教师而不是学生,涉及内容也不包括学生通过学习在认知、情感及行为等方面应实现的发展改变。这也就意味着,即使教师教学过程依照相关要求完成了教学行为,也并不能证明教学目标真正得以实现。学生在经历了学习之后,认知、情感、行为等方面是否得到了发展变化,是否能够在测量检验中被发现有显著增长,并非"教学要求"要回答的。教学目标陈述的并非也不能是教师教学行为,应该是在经历教学过程后,学生内在认知、外显行为等的全方位改变。

2.目标陈述需要具体明确

对高校篮球教学目标的陈述必须最大程度避免使用含糊不清、脱离实际的词汇语句。诸如"培养学生创新思维能力""发展学生的一专多能素质""增强学生信息信心""促使学生具备坚强意志品质"等教学目标陈述,都有着无法明确检测、难以把握、脱离实际的缺陷,不具备应有的教学指导作用。然而,从当前高校篮球教学普遍情况中可以发现,众多一线高校篮球教师在教学实践中,对于"了解""掌握""知道"等描述性语词依旧有很大依赖,习惯用这一类词汇对篮球教学目标进行陈述,甚至在部分公开发表、"范例性"教案中都出现过这一情况。

要保证高校篮球教学目标陈述的明确与具体性,最大程度地发挥教学目标在篮球教学活动中应有的导向、指引作用,心理学家提出建议,应采用陈述目标标准格式——学生将能够(或者学会)+动词+名词。其中,动词即认知过程,名词在一般情况下等同于知识(举例来说,学生能够比较急停跳投与原地投篮的相同点和差异性等)。高校篮球教学目标陈述中,动词能够被分作行为动词与非行为动词。行为动词即描述的外显、可见性行为的动词(说出、列举、说明等)。也存在很多动词,其所描述的学习成果不可见,如理解、感知、明确、体会等。不同认知水平层次也有代表认知能力的动词(回忆、再认等),反映理解能力的动词(解释、概括、比较说明等)。

3.目标陈述需要以某分类框架做依据

为最大限度发挥篮球教学目标的导教、教学指引功能,众多心理学专家、学者在教育目标分类研究方面付出了巨大努力。一维教学目标分类、认知目标二维新分类等五种学习结果分类理论研究成果,在教学活动发展中做出了卓越贡献。同时,有学者提出了创设性见解。就当前认知、情感、心理动作技能领域的区分进行了再思考,提出目标分类需要均衡协调、突出行为且保持整体的统一,强调学习过程中每个学习者作为单独个体的整体性;后者对"一维"(认知、情感、运动技能)、"二维"(知识和加工水平)以及三系统(自我、认知以及元认知系统)做出了详细说明,解释了其各自的作用原理,强调了自我与元认知系统对认知系统具备的影响力。显而易见,最近时间段内,就教学目标、学习结果的分类研究,各专家、学者并未提出明显分歧,且有关三大领域(认知、情感/态度、心理动作技能)的区分的观点理念有着高度的一致性。出于这种原因,我们必须按照教学目标/学习结果分类的某框架做依据,对篮球教学目标进行陈述,切忌随心所欲,在篮球教学目标陈述的问题上主观臆断。

第七章 信息化背景下的高校篮球教学研究

第一节 信息化教学设计探究

信息化教学是一种充分利用现代化教学媒体、现代教育技术而开展的双边活动。在体育教学中,体育教师利用信息化技术进行教学设计是一种提高教学质量和效果的有效手段。

一、体育信息化教学设计的概念与内容

(一)体育信息化教学设计的概念

体育信息化教学就是指在信息化环境中,教育者与学习者借助现代教育媒体、教育信息资源和教育技术方法所进行的双边活动。体育信息化教学的基本特点是:以信息技术为支撑;以现代教育教学理论为指导;强调新型教学模式的构建;教学内容具有更强的时代性和丰富性;教学更适合学生的学习需要和特点。在现代社会背景下,体育信息化教学是以现代信息技术为基础所引起的一系列改变,主要包括教学理念、教学手段与方法、教学模式等。

在体育教学中,信息化教学设计就是运用系统的方法,以学生为中心,充分利用现代化的信息技术和信息资源,科学地安排教学过程的各个要素,以实现体育教学过程的最优化效果。在体育信息化教学设计中,设计者应用信息技术构建信息化环境,能充分利用先进的信息化技术,为学生创设良好的学习环境和条件,促进学习水平的发展和提高。

（二）体育信息化教学设计的内容

一般来说，体育信息化教学设计的内容主要包括以下几个方面：

(1)学生身心特征与学习水平分析

(2)体育教学目标分析

(3)体育教学模式与教学策略的设计

(4)体育学习情境与体育学习任务的设计

(5)体育教学媒体设计

(6)体育教学资源的挖掘与开发

(7)体育教学评价的设计

(8)体育教学管理过程的设计

(9)体育教学过程与结构设计

二、体育信息化教学设计的基本模式

（一）分析体育教学目标

在体育教学体系中，教学目标至关重要，因此在体育教学设计的过程中，首先就要确定好体育教学目标。确定体育教学目标的目的是确定学生学习的主题，即与基本概念、基本原理、基本方法或基本过程有关的知识内容，对教学活动展开后需要达到的目标做出一个整体性的描述，主要包括学生所要掌握的运动知识与技能，具备的身心素质，创新的能力等。

（二）学习问题与学习情境设计

学生在体育学习的过程中会遇到各种各样的问题，学生需要通过解决具体情境中的真实问题来达到学习的目标，从而提高自己的学习能力和水平。因此，学习问题与学习情境的设计就显得非常重要，学习问题与学习情境的设计能为学生学习能力的提高提供良好的基础和保障。

（三）学习环境与学习资源的设计

在体育教学中，学习环境是学习资源和学习工具的组合，这种组合实际上旨在实现某种目标的有机整合。学习环境的设计主要表现为学习资源和学习工具的整合活动。在具体的设计过程中,设计者要考虑人际支持的实施方案,但需要注意的是,人际支持通常表现为一种观念而不是相关的法规制度。由于学习环境对学习活动起一种支撑作用,学习环境的设计必须在学习活动设计的基础上进行。不同的学习活动可能需要不同的学习资源和学习工具。设计者必须清醒地认识到这一点,在进行教学设计的过程中要综合各方面因素的考虑。

(四)体育教学活动过程的设计

相关调查与研究发现,学生学习的动力主要来源于其与学习环境的相互作用。在具体的学习活动中,学生认知与情感态度等的变化都应归因于这种相互作用。因此,学习活动的设计必须作为教学设计的核心设计内容来看待。学习活动可以是个体的,也可以是群体协作的,群体协作的学习活动表现为协作个体之间的学习活动的相互作用,学习活动的设计最终表现为学习任务的设计,通过规定学习者所要完成的任务目标、活动内容、活动策略和方法来引起学生认知和情感的变化,从而达到促进学生学习水平发展和提高的目的。

(五)体育信息化教学形式

在体育信息化教学过程中,教学设计的具体成果形式不仅仅是一篇传统意义上的教案,而且还包括各种各样的教学内容,如教学情境问题、教学活动设计规划、教学课件设计等。在具体的教学过程中,体育教师一定要规划和设计好这些内容,以促进教学效果的实现。

(六)体育教学设计单元

通常情况下,体育教学设计单元主要包括以下内容:

(1)体育教学设计方案。

(2)多媒体体育教学课件

(3)学生作品范式

(4)体育教学参考资源。

(5)体育教学活动过程模板。

三、体育信息化教学设计应用的原则

在体育信息化教学中,决定教学质量的因素有很多,因此设计一个良好的教学过程是非常重要的,体育教师在进行体育教学设计时必须遵循以下基本原则。

(一)培养学生的创造能力

在传统的体育教学活动中,学生是被动的学习接收者,受到的是灌输式的教育,体育信息化教学设计要改变这种传统教学模式,将教学的重心从教师的"教"转向学生的"学",将关注教师教学行为的设计转向关注学生学习活动的设计。在体育信息化教学中,教师是学生学习的促进者与帮助者,在整个教学活动中起着重要的指导作用;而学生则是学习的主体。在学习活动中能充分发挥自己的主动性,提高自我学习的意识与能力,因此这种教学方法有利于培养学生的创造能力,从而促进学生综合素质的发展和提高。

(二)加强体育学习环境的设计

学习环境是学习者利用资源生成意义并且解决问题的场所。在体育信息化教学设计中,必须强调通过提供丰富的资源和学习工具,创设学习情境,构建学习共同体等环境因素,为学生有效地获取知识和技能、发展个性提供有效的支持。

在体育信息化教学环境中,学生通过资源工具的支持进行学习,不但能获得教师的帮助,而且还能与其他同学做好沟通与交流,提高与人交往的能力,这对于促进学生学习水平的发展和提高是非常有利的。

(三)注重体育教学情境的建设

学生的学习活动都是在一定的教学情境中进行的,因为只有在真实的学习环境中获得知识才能在现实生活中加以运用。为此,在体育教学中,学生通过创设真实的教学情境,不仅可以激发联想,提供记忆的线索,而且还能激发学生学习的积极性,获得知识和技能,这对于学生认识与实践水平的提高是非常有利的。

(四)注重协作学习

在整个体育教学过程中,协作学习始终贯彻整个过程。通过协商交流,学生与学生之间可以共享自己的思想与观点,全面地认识和理解各种问题。在具体的协作学习中,要想使他人理解自己的想法,就必须有一个清晰的思路并且恰当地表达出自己的想法,这可以有效培养学生的语言表达能力,在这一学习过程中,提高自己的人际交往能力。

信息化教学中通常以小组或其他协作形式展开学习,小组中的每个成员均承担一定的任务,在学习的过程中,学生不仅要对自己的学习负责,还要关心和帮助他人,达到共同学习、共同提高的目的。

(五)注重体育学习过程的评价,建立多元化评价体系

传统体育教学活动的主要目的是实现教学目标,通过考试测验等手段来检验体育教学的成果。而在现代体育信息化教学中,教学结果评价只是其中的一个方面,学生学习过程的评价成为重要的内容,一般是将结果评价与过程评价充分结合起来进行。

通常情况下,体育信息化教学非常强调知识的建构,与传统教学中学生对知识的复制、回忆和再认的表现形式相比,信息化教学更加注重系统的整体性,主张建立一个多元化的评价体,这对于教学质量的提高具有重要的意义和作用。

第二节　信息技术在篮球教学中的应用

一、现代信息技术在篮球教学中应用的对策

(一)创设教学情境,激发学生学习的兴趣

大量的事实表明,兴趣能充分激发学生学习的欲望。在学习过程中,

学生对某种事物的兴趣越浓厚,其注意力就越高度集中,思维非常活跃,学习的热情高,能够充分发挥出潜在的学习和练习的积极性、主动性,从而呈现出最佳的学习状态。现代信息技术是集文字、图形、图像、声音、动画、影视等各种信息传输手段为一体,通过语言的描绘、图像的演示、动画的模拟、音乐的渲染等声画并茂的教学环境,为学生创设生动形象的教学气氛,能大大地激发学生的学习兴趣和学习热情。例如:在篮球教学过程中,教师可以播放"跟我学打篮球"的教学光盘,可以选择一些 NBA 篮球赛或经典投篮集锦光盘让学生欣赏,在欣赏高水平运动员篮球技能的同时提高学习的兴趣;在课件的制作过程中,能导入一些优秀运动员在比赛场上的精彩动作图片;把学生自己在篮球比赛中的情况拍成视频剪辑,导入到课件里,通过屏幕的播放,学生一边观看画面一边听教师的讲解,寻找差距等。这样就能充分激发学生学习篮球的兴趣,提高篮球学习的水平。

(二)扩大课堂教学的容量,提高教学的效率

在信息化教学中教师可以利用多媒体技术,进行高密度的知识传授、大信息量的优化处理可以大大提高课堂效率。图形不是语言,但比语言更直观形象,包容的信息量更大。动画又比图形更形象和生动,更容易激发学生学习的兴趣,提高教学质量。例如,在讲解篮球运动的起源时,通过图片展示、纪录片播放,让学生对篮球运动的发展历程有了一个全面的认识;讲解篮球局部进攻战术时,通过动画演示、视频剪辑等手段,直观地展现几种局部进攻战术的演练过程。在篮球裁判教学中,教师为了能让学生更加清晰地明白犯规的判罚,可以将一些犯规的视频剪辑下来,或将学生在比赛中的犯规行为录制下来,在课堂上一边进行播放,一边进行讲解,这样学生通过观看和听讲解,马上就一目了然了。这样就避免了重复劳动,节省了教师讲解、示范的时间,加快了教学的节奏,从而提高教学效率。

(三)利用信息化技术的直观教学手段

现代信息技术教学具有非常重要的直观性特点,在运用这一技术进

行教学的过程中可以将文字、图像、声音、形象逼真的动画、网络等综合在一起,能做到图文并茂、动静结合、视听并用,可以将一些难度大或较复杂的动作通过播放慢动作和正常动作让学生看清楚、听清楚,有利于创设良好的教学情境,帮助学生建立直观而清晰的动作表象,从而掌握运动技能。例如,在讲解篮球技术分析时,通过多媒体技术教学将篮球技术动作结构、动作要领通过图片、视频等方式直观地展现给学生,并结合优秀运动员有关篮球技术动作的录像和学生在学习过程中被拍摄的技术动作的录像,通过对比分析有利于学生更加直观地理解动作概念,加快对技术动作的掌握;在讲解竞赛规则与裁判法分析时,裁判员的各种执法手势以图片形式通过大屏幕展现给学生,给学生以有观的印象,学生可进行模仿学习,掌握知识与技能。

(四)突出重点、要点

现代信息技术具有分层展示的功能,运用音频、视频分层等展示篮球技术,使学生学习重点、要点更加突出,掌握技术也就更快。例如,把NBA、CBA、CUBA 等比赛视频下载下来,进行技术处理,将技术和战术分类处理,就更有针对性;也可以根据物理学原理,对技术动作进行直观形象地分析,如对运球、传球和投篮间的相互关系的分析,可集中对运球技术进行分析,也可对某一个动作的一个用力现象进行力学分析、分解动作结构,纠正学生不会用力或用力不正确的现象;如讲解投篮时力度的大小出手、度等用图表等形式在课件中体现出来,结合抛物线的知识使学生看清楚动作细节,更加深刻地认识动作的要领和运动规律,更快地完成学习任务。

此外,由于受年龄、教学条件等因素的影响,教师往往会回避那些难以示范(如扣篮、空接等)的动作,这样就影响了学生的全面发展。因此,运用现代信息技术以解决这一难题,可以帮助学生建立难度动作的概念,提高运动技能。

二、常用软件在篮球教学中的运用

目前,在篮球教学训练过程中,篮球软件较多,并且各有各的优缺点。

其中较常用的软件有：Basketball Playbook 软件，篮球技术 Gif 动画软件，Basketball Blueprint Version 软件，Sports Code 软件等。受篇幅所限，下面主要讲解前两种软件在篮球教学中的应用。

（一）Basketball Playbook

Basketball Playbook 是一个非常实用、便捷的篮球战术软件，可以让你在一两分钟内完成一副战术图的绘制，战术图可以存为.ebp 格式，也可以存储为.jpg 格式或者.bmp 格式，并且它支持动画模拟，可以用动画的方式形象地展示出队员的配合路线、行动顺序等，是目前比较常用的一种软件。

1.界面介绍

球员项（Player）的第一排圆形图标代表进攻球员，可以用左键将图标拖到需要的位置。第二排二角形图标代表防守球员，1 到 5 号位分别为 PG、SG、SF、PF、C。第三排为器材，比如球（黑色圆点为球），训练用的路障、篮框等。第四排画线工具同画图板。其中，实线代表球员空手跑位，虚线代表传球路线，曲线代表运球走的路线。

场地项（Court）里包括半场的图形、全场的图形、进攻的图形、防守的图形等，教师或教练员可以根据需要选择适当的场地图。

2.制作过程

如果需要改线条颜色，右键单击需要修改的线条，从弹出的对话框中选择所需的颜色。删除的话有 Delete 和 Removal，分别是删除所选和全部删除。如果注释写错了需要修改，则点击右键，在对话框内重新输入正确的内容（输入空白就是删除了）。画好图之后若需要配有文字说明，则点开 EditText 就可以编辑你的说明，界面一目了然，每个战术都会有相当多的变化，需要多幅图来说明不同的变化，那么点击 Add sequence 就可以换一页继续画，画出的不同场景会自动生成动画。

（二）篮球技、战术 GIF 动画

1.GIF 动画概述

GIF 动画的形成是由连续显示数张图片所造的视觉效果，其原理与卡通影片是一样的。GIF 动画能增加网页的动态效果,吸引学生的目光,提高学生学习的积极性和兴趣。

在国外,世界篮球协会的教练员网络图书馆、NBA 等篮球知名网站都利用网络动画的形式,来介绍相关的篮球战术。其采用 Flash 动画或其他相关软件来制作篮球动画,这对提高教练员理解与运用战术,篮球爱好者提高战术素养,篮球水平的全球传播等方面都能起到积极的作用。

从制作方式来说,GIF 的制作大致分为两种:一种是通过视频转化的 GIF 图片。它突破了图片都是静态的范畴,适合于 Web 传播。另一种是通过相关软件制作的。制作软件大致分两种:图片制作软件和专门的 GIF 动画制作软件。目前来说制作 GIF 动画的软件很多,比较典型常用的有 Ulead 的 GIF Animator,Micro media 的 Fireworks,Adobe 的 ImageReady。GIF 格式动画的制作需要注意图片、帧速、效果三个要素。下面以 Ulead 的 GIF Animator 为例,讲解制作篮球技战术的 GIF 动画过程。

2. 制作过程

(1)获取录像,大部分的比赛赛后在网上都可以找到下载的资源,但有时比赛较为生僻或者自己需要更快拿到视频时,便可以尝试自己来录制比赛。可以通过网络电视及"百宝录像机"等相关软件进行相关视频的录制。

(2)制作 GIF。

①截图播放器设置:右键点击播放器,把选项里的高级菜单选项勾上;打开视频文件,右键点击播放器的"捕获"中的"画面:高级捕获"选项。视频在播放的同时,按开始捕捉截图,按结束停止捕捉,捕捉的图片放置在自己所设置的位置。

②使用 Ulead GIf 制作 GIF。点击新建,建立新的 GIF;再点击添加文件中的"添加图像"选项,找到之前截取图片的存储目录,选定所需要的图片,打开;现在将所添加的图像分配到帧,点击所添加图片的最上面的第一张图片,然后按住 shift 键,下拉至图片最下面,再点击最下面的图片,松开 shift 键,选定所有的图片,右键点击,选择"分配到帧";所有的制作工作准备就绪后,可以按"预览"来预览 GIF 动网,如果没有问题,按文

件中的"另存为"选项将其存为 GIF 动态格式。

③GIF 的优化。如果想把一次完整的阵地进攻或阵地防守清晰地展现给大家,通常制作出来的 GIF 会比较大。所以,很多时候进行必要的精简也是非常重要的。除了减少帧数和每帧的尺寸之外,Ulead GIF 还提供了一个"优化"功能。将图片导入以后,点击红色的"优化"选项,根据需要选取下拉菜单中的选项,就可以对 GIF 进行优化。需要说明的是选择压缩后文件的数值越小,生成的 GIF 也就越小,图像就越不清晰。因此,在选取数值大小的时候,还应综合考虑。

第三节　信息技术背景下
高校篮球课程教学探究学习研究

一、探究学习概述

(一)探究学习的环节

1.探究问题的生成与确定

在体育教学过程中,教师通过引导、启发等方式,利用多种教学手段创设特定的问题情境,激发学生学习的兴趣,发现问题并提出探究的问题。探究的问题应该是与学生息息相关的学生感兴趣的,或亟待解决的事件。

2.探究方案的设计

教师指导学生进行人员分工,说明探究过程和规则,并提供必要的探究工具。学生可以根据已有的知识、经验做出比较合理的猜想、假设,并设计探究思路和方案。

3.探究方案的实施与开展

学生根据所设计的探究方案,进行分析、调查、实验、访问、考察等各种探究活动,获取、整理、分析数据和资料,解释探究得到的结果,验证假设。

4.探究结论的交流与评价

将得到的探究结果通过分析、综合得出自己的探究结论,探究结论可以通过实验报告、访谈报告、调查报告、电子作品等各种形式展示,学生对自己的探究结论进行小结、陈述和评价反思,并提出意见,然后教师做总结性发言。

(二)探究学习的类型与特征

1.探究学习的类型

一般情况下,根据不同的分类依据可将探究学习分为以下几种不同的类型:

(1)理论探究与实验探究

根据探究内容的不同,可将探究学习分为理论探究与实验探究两种形式。理论探究是从低级的概念发展到高级的概念,从已知的理论发展到未知的理论,是通过观察"观念性客体"的特征,再经过思维加工,而获得新的认识。精心设计特例是成功的关键,所谓特例就是体现"观念性客体"的典型事例,或者说是隐含着客观事物新的本质特征的典型事例。

这就要求教师认真研究新旧知识的内在联系,帮助学生在自己的认知结构上,为新知识找准适当的固定点。

实验探究是指在体育教师的指导下,学生通过实验观测,在丰富的感性材料的基础上归纳出新的要领或规律。

总之,理论探究和实验探究之间是相辅相成的关系,在实验探究中有理论思辨的成分和理论探究的要素;而在理论探究中也有实验操作的成分和实验探究的要素,因此不能将二者割裂开来。

(2)传统教学环境的探究和信息技术支持的探究

根据探究环境的不同,可将探究学习分为传统教学环境的探究与信息技术支持的探究,传统教学环境的探究学习是指借助传统教学媒体和传统教学资源进行的探究活动。

我们所说的信息技术支持的探究学习是相对于传统教学环境下的探究学习而言的,是指借助现代教学媒体和信息化教学资源进行的探究活动。当然,信息技术支持的探究学习在借助现代教学媒体和信息化教学资源的同时,并不完全排斥对传统教学媒体的利用,实际上,将二者结合运用能收到意想不到的教学效果。

(3)接受式探究和发现式探究

一般情况下根据自主获取信息的程度的不同将探究学习分为接受式探究和发现式探究。接受式探究是学生通过各种途径搜集现成的信息资料,通过整理获得问题的答案。其中的信息资料由学生主动从现有资料中直接搜集或向有关人士直接询问,所搜集到的信息是现成的,只需略加整理即可。

发现式探究是学生在探究问题答案的过程中,不能直接获得现成的信息资料,需要通过观察、分析、调查、研讨等活动,得到相关的资料和数据,经过科学的处理和加工,从而获得问题的答案。

(4)部分探究和全部探究

一般来说,根据探究活动中探究成分所占的比例,将探究学习分为部分探究和全部探究。

众所周知,探究学习的基本特征分别是从问题、证据、解释、评价和交流等方面归纳体现的。如果学生的探究活动在这几个方面都是独立自主地完成的,我们就说是全部探究;如果只是参与了其中某一部分或某几部分,我们就说是部分探究。

例如,当体育教师没有使学生投入对问题的思考中,而是给学生一个特定的问题,那么探究学习的第一个基本特征就缺失了,这种探究就是部分探究。同样,如果教师选择演示某些物质在化学反应中的作用,而不是让学生探究它的作品以及形成他们自己的解释,那么就缺少了探究学习的第三个基本特征,也是部分探究。只有具备探究学习所有的五个基本特征才能称为全部探究。当然,全部探究是探究学习的最理想水平,学生只有通过多次的、循序渐进的部分探究才有可能达到全部探究的水平。

2.探究学习的特征

(1)学习者围绕科学性问题展开探究活动

所谓科学性问题是针对客观世界中的物体、生物体和事件提出的,问题要与学生必学的科学概念相联系,并且能够引发他们进行科学研究,促使他们收集数据和利用数据对科学现象作出解释的活动。在课堂上对学生提出的有意义的、有针对性的问题,能够丰富学生的探究活动,但是这些问题不能是深不可测的,必须是能够通过学生的观察获得的科学知识来解决。

(2)学习者获取可以帮助他们解释和评价科学性问题的证据

科学家在实验中通过观察测量获得实验证据。在课堂探究活动中,学生也需要运用证据对科学现象做出解释。例如,学生对动植物、岩石进行观察并详细记录它们的特征;对温度、距离、时间进行测量并仔细记录数据;对化学反应进行观测并绘制图表说明它们的变化情况。同时学生也可以从教师、教材、网络等众多途径对探究活动进行有益的补充。

(3)学习者要根据事实证据形成解释,科学回答问题

科学解释是借助于推理提出现象或结果产生的原因,并在证据和逻辑论证的基础上建立各种各样的联系。解释是将所观察到的与已有知识联系起来学习新知识的方法。因此,解释要超越现有的知识,提出新的见解。

(4)学习者通过比较推出其他可能的解释

评价解释,并且对解释进行修正,甚至是抛弃,是科学探究有别于其他探究形式及其解释的一个特征。评价解释时,可以提出这样的问题:有关的证据是否支持提出的解释? 这个解释是否足以回答提出的问题? 从证据到解释的推理过程是否明显存在某些偏见或缺陷? 从相关的证据中是否还能推论出其他合理的解释?

核查不同的解释就要求学生参与讨论,比较各自的结果,或者与教师、教材提供的结论相比较以检查自己提出的结论是否正确,最终应使学生在自己的结论与适合他们发展水平的科学知识之间建立联系。也就是说,学生的解释最后应与当前广泛为人们所承认的科学知识相一致。

二、信息技术支持下篮球探究学习的原则

(一)以学生为主体的主体性原则

在篮球教学中,体育教师要根据学生的身心特点和个性正确处理教学主体与客体的关系,促进学生主体的发展。同时,要以学生为中心来设计学习活动,设计适合学生身心特点的学习活动,以此打破教学客体中心(如教材中心、课堂中心、教师中心、考试中心等),使教学中心从教师客体向学生主体转移,把教学从"选拔适合教育的学生"转变到"造就适合学生的教育"上来。教师要为学生创设自由讨论的气氛,设置听取意见的场合,调动学生的学习积极性和主动性,保证学生自主探究活动的顺利进行。

(二)以教师为主导的指导性原则

探究学习活动的一个重要特征就是创设一个特定的学习情境,让学生经过探索后亲自去发现和领悟它们,这就要求教师改变传统的教学方式,把重点放在创设情境、引起和激励学生的探究和发现上。但这绝不意味着教师的指导作用因此而有所降低,甚至无足轻重,而完全任由学生去独自探究。应该特别强调教师适时地、必要地、谨慎地、有效地指导。以追求真正从探究中有所收获,包括增进学生对世界的认识和提升学生的探究素质,从而使学生的探究能力得到不断的提高和完善。虽然在探究过程中学生会遇到挫折、走弯路甚至失败,但是具有重要的教育价值,所以教师要适时给予适当的帮助、引导,以帮助学生建立探究学习的信心。

事实上,学生探究能力的形成是一个循序渐进的过程,从自发的行为到采取有条理的态度,从漫无目的地发问到有选择性地提出问题,从单一地依赖感官到使用多种。从毫无规则的观察到更为合理、井然有序的研究,从单纯迷恋到精确严谨,从无意吸引到快乐地学习知识。无论哪个阶段或水平的探究,学生那不可能一开始就能独立从事探究性学习,都需要

在教师的指导下进行。

（三）科学探究的求实性原则

求实性原则是指用来开展探究学习的问题必须反映学生的现实生活和社会实际，是发生在学生身边的问题和社会现象中的问题，而不是脱离学生生活实际的纯学术上的问题。体育教师可以在设计课程时，对学生感兴趣的问题进行调查统计和分析，以此作为选择探究主题和安排主题顺序的基础之一；也可以留出一些"自由探究时间"供学生探究他们自主提出的问题；也可以根据学生的即时兴趣做出适当的调整。那种脱离学生实际进行抽象技能训练的做法只会压抑学生的探索精神，脱离学生的问题和社会环境的探究学习，实则是枯燥无味的"智力游戏"，使许多学生望而生畏，丧失了探究学习的兴趣和热情，根本谈不上科学探究精神的培养。

（四）科学素养的侧重性原则

教师在指导学生探究时，不必追求科学家探究的水平，不能像研究生导师指导学生时所强调和所关注的方面看齐，在探究学习的操作方法及操作技能上不必要求过高，况且这不是教师指导学生开展探究活动的重点，当然也不能满足于学生自发探究的水平，而应当着眼于学生"基本科学素养"的提高。在具体的信息化教学过程中，体育教师应把重点应放在以下四个方面：

第一，通过探究满足学生的求知欲。

第二，通过探究获得对大千世界的理解。

第三，通过探究培养科学思维能力、锻炼解决问题的能力、合作与交流能力、培养科学精神态度，初步习得科学探究方法。

第四，通过探究逐步获得对科学探究本身及科学本质的理解。

这里尤其要注意引导学生通过直接参与探究过程，并通过自己的反省与思考，从亲身体验中获得对探究活动的深刻认识，以及深刻理解探究是怎样促进科学发现的、人类已有的知识是如何获得的、人类是如何一步步加深对这个世界的认识的等一系列与科学的本质有关的问题。

(五)因材施教的差异性原则

探究活动应该在尊重学生个性差异的基础上注重因材施教,培养学生的创新能力。并非只有成绩优秀的学生才有能力开展探究,应该给每一个学生参与探究的机会。尤其是那些在班级或小组中较少发言的学生,应给予他们特别的关照和积极的鼓励,使他们有机会、有信心参与到探究中来。

在具体的教学过程中,教师要注意观察学生的行为,防止部分优秀学生控制和把持局面,要注意引导每一个学生都对探究活动有所贡献,让每一个学生都分享和承担探究的权利和义务。

(六)相互倾听的协作性原则

探究过程中学生需要相互协作,这些协作与交流的实践和经验,可以帮助学生学会与他人交流、向别人解释自己的想法、倾听别人的想法、善待批评,以审视自己的观点获得更正确的认识,学会相互接纳、赞赏、分享、互助等。

在整个探究过程中,由于经验背景的差异,探究者对问题的理解常常各异,这种差异本身便构成了一种宝贵的学习资源。这是因为:

(1)在相互倾听中,学生可以明白对同一问题别人会有其他的不同解释,有利于他们摆脱自我中心的思维倾向。

(2)在协作、相互表达与倾听中,学生各自的想法、思路被明晰化、外显化,可以更好地对自己的理解和思维过程进行审视和监控。

(3)在讨论中,学生之间相互质疑,其观点的对立及相互指出对方的逻辑矛盾,可以更好地引发探究者的认知冲突和自我反思,深化各自的认识。

(4)学生之间的交流、争议、意见等有助于激起彼此的灵感,促进彼此建构出新的假设和更深层的理解。

（5）探究中的协作、分享与交流可以使学生贡献自己的经验和发挥自己的优势，完成独立探究难以完成的复杂任务。

因此，研讨、交流、彼此表达与相互倾听是探究学习中非常重要的活动。

（七）评价方式的多元化原则

在信息化教学中，探究性学习提倡多元、全面的评价体系。客观、准确地评价学生的学习效果，培养学生的反省能力和自我调控能力，提高学生的探究水平。

从评价方法来看，学生的探究水平往往难以通过纸笔测验来加以评价，而宜采用档案袋评价、量规评价、契约评价等不同方法，自评和互评相结合，或根据学生在探究任务完成中的实际表现来加以评价。

从评价的内容来看，重点应放在学生探究过程中表现出来的对探究过程和方法的理解、对探究本质的把握，不能把是否探究出结论或结论是否正确作为唯一或最主要的评价指标。

参考文献

[1]王立伟.体育教学与思维创新[M].南昌:江西科学技术出版社.2020.

[2]张正,吴宗喜.高校体育教学与人才培养[M].长春:吉林人民出版社.2022.

[3]王彦飞.当代学校体育与教学[M].赤峰:内蒙古科学技术出版社.2021.

[4]卢永雪,刘通,龙正印.体育教学技能训练[M].成都:电子科技大学出版社.2019.

[5]于海,张宁宁,骆奥.高校体育教学与训练实践研究[M].长春:吉林人民出版社.2021.

[6]杨景元,董奎,李文兰.体育教学管理与教学现状[M].长春:吉林人民出版社.2019.

[7]谢宾,王新光,时春梅.高校体育教学与运动训练研究[M].吉林人民出版社.2021.

[8]杨艳生.体育教学改革与创新实践研究[M].长春:吉林人民出版社.2021.

[9]田应娟.当代高校体育教学改革创新与发展[M].长春:吉林人民出版社.2021.

[10]孙琦林.高校体育教学与科学化锻炼研究[M].长春:吉林人民出版社.2023.

[11]金俊.体育教学方法及教学技能探究[M].北京:研究出版社.2020.

[12]安基华,李博士.体育教学理论与实证研究[M].长春:吉林人民出版社.2019.

[13]韦勇兵,申云霞,汤先军.体育教学与运动技能分析[M].长春:吉林人民出版社.2019.

[14]周维纯.中学体育教学与创新研究[M].长春:吉林人民出版社.2021.

[15]李婷婷,刘琦,原宗鑫.现代学校体育教学理论与方法[M].长春:吉林人民出版社.2020.

[16]曹垚.现代体育教学理论与实践训练探索[M].长春:吉林人民出版社.2020.

[17]魏小芳,丁鼎.高校体育教学管理改革与模式构建探索[M].长春:吉林人民出版社.2022.

[18]蔺新茂,孙思哲.我国学校体育教学内容研究[M].重庆:重庆大学出版社.2020.

[19]廖建媚.高校公共体育教学环境研究[M].厦门:厦门大学出版社.2019.

[20]沈技峰.小学体育教学中的生命教育[M].宁波:宁波出版社.2021.

[21]马尚奎,李俊勇.体育教学导论[M].长春:吉林人民出版社.2016.

[22]张天成,张福兰.中学体育教学设计[M].成都:西南交通大学出版社.2018.

[23]李鑫,王园悦,秦丽.体育文化建设与高校体育教学模式研究[M].北京:中国纺织出版社.2019.

[24]贾振勇.体育教学改革与实践应用探[M].北京:新华出版社.2018.

[25]沈建敏.体育教学创新与运动训练研[M].北京:新华出版社.2018.

[26]关北光,毛加宁.体育教学设计[M].成都:西南交通大学出版社.2016.